*Frontispice.*

Au nom du Père, du Fils, et du Saint-Esprit.

# ALPHABET
## DES
## Infans Religieux

Contenant le Tableau des principaux Saints
dont ils sont tenus de souhaiter la fête à leurs Parents.

avec 26 Jolies Vignettes de Saints

Paris
À la Librairie d'Education
D'ALEXIS EYMERY, Rue Mazarine N° 30
1818

# LES SAINTS,

OU

# ALPHABET
## DES ENFANS RELIGIEUX,

CONTENANT

LE TABLEAU DES PRINCIPAUX SAINTS

DONT ILS SONT TENUS DE SOUHAITER LA FÊTE
A LEURS PARENS.

Ouvrage moral et amusant, en forme d'entretien, et orné
de 26 jolies gravures de Saints.

## PARIS,
EYMERY, FRUGER ET C<sup>ie</sup>, LIBR. ÉDITEURS,
RUE MAZARINE, N° 30.

## 1828.

VERSAILLES. — IMPRIMERIE D'ALLOIS,
avenue de Saint-Cloud, n° 3.

# AVERTISSEMENT.

Une éducation pieuse est le plus riche présent que l'on puisse faire aux enfans, puisqu'elle influe sur toutes les actions de leur vie ; mais pour la leur donner, les préceptes ne suffisent pas, il faut encore des exemples : c'est ce qui a déterminé à composer le petit Alphabet qui renferme les Vies des Saints les plus célèbres dans l'Eglise, c'est-à-dire de ceux qui ont fait leur salut même au millieu du monde ; car il ne faut pas inspirer aux enfans une piété farouche, une piété minutieuse, mais une piété aimable, une piété solide.

Ce sont des modèles de cette piété, la seule vraie, qu'on se flatte d'offrir dans cet Alphabet. Parmi les Saints dont il retrace les actions, les uns ont pratiqué les maximes de l'évangile sur le trône et dans le tumulte des armes ; les autres ont exercé des actes de charité envers leur prochain, en se dépouillant de leur superflu et même d'une partie de leur nécessaire, pour le soulager; tous ont suivi les préceptes de Jésus-Christ, et ont persévéré dans l'exercice des bonnes œuvres jusqu'à la fin de leur vie.

Ce petit ouvrage serait incomplet, ou plutôt ne présenterait aucune utilité, si l'on n'eût point mis en tête la vie de Jésus-Christ et celle de la très-sainte Vierge, par une analyse des vertus qu'ils ont pratiquées sur la terre pour nous servir de modèle, en évitant les détails qui se trouvent dans les évangiles que les enfans sont tenus de réciter les jours de dimanches et de fêtes.

On a cru devoir employer la forme de l'entretien, afin de soulager la mémoire de l'enfant, et de soutenir son attention par l'application qu'il met à saisir le moment de placer ses questions. Les instituteurs pourront ajouter d'autres réflexions morales à celles que l'on fait ici, suivant l'intelligence des élèves, et la nécessité d'étendre leurs pieuses instructions.

On a placé à la fin de ce petit livre les noms des saints par ordre de mois et de quantième, afin que les enfans aient sous les yeux les fêtes qu'ils sont obligés de souhaiter à leurs pères et mères, leurs parens et leurs bienfaiteurs.

Enfin, on n'a rien négligé pour perfectionner les gravures, en représentant les saints dans le bréviaire des vertus qui les caractérisent; ce qui rend ces petits tableaux bien différens de ceux qui n'offrent que leur image.

A B
C D
E F

| a | b |
|---|---|
| c | d |
| e | f |

| G | H |
|---|---|
| IJ | K |
| L | M |

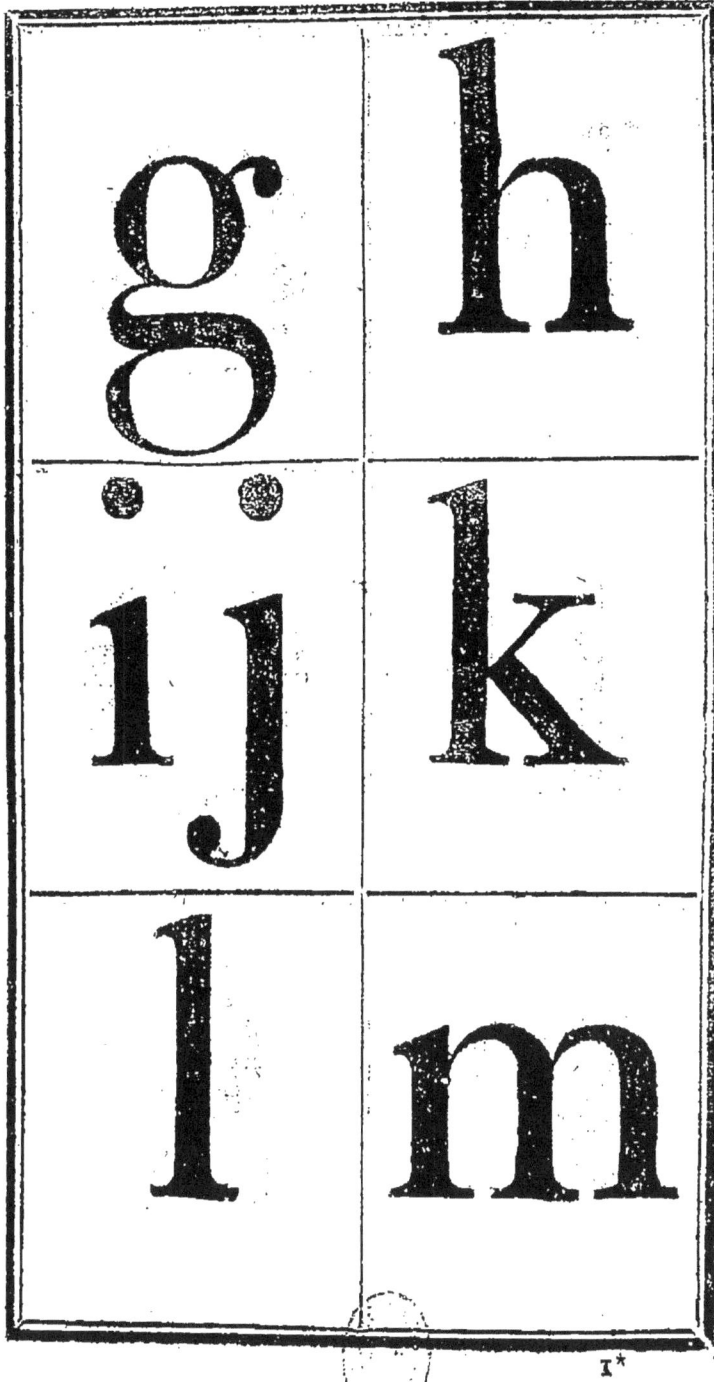

| N | O |
|---|---|
| P | Q |
| R | S |

| n | o |
|---|---|
| p | q |
| r | s |

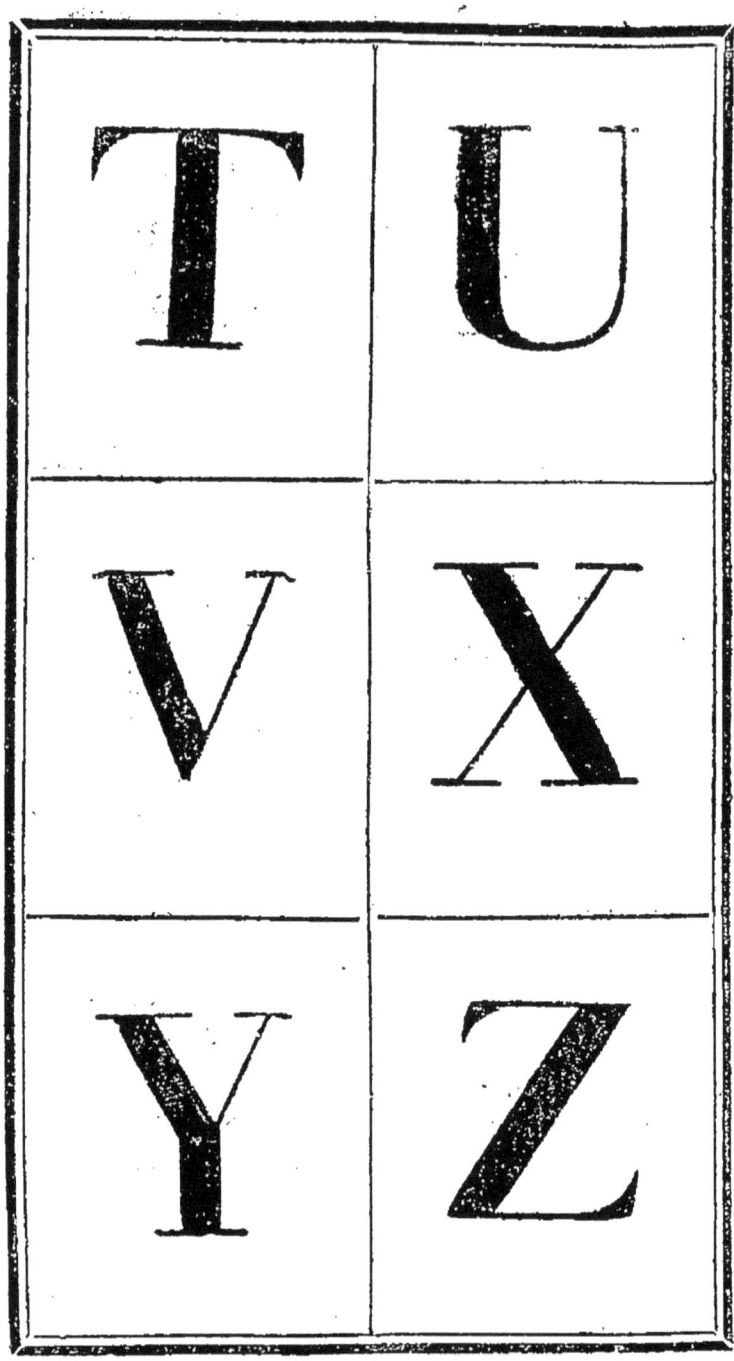

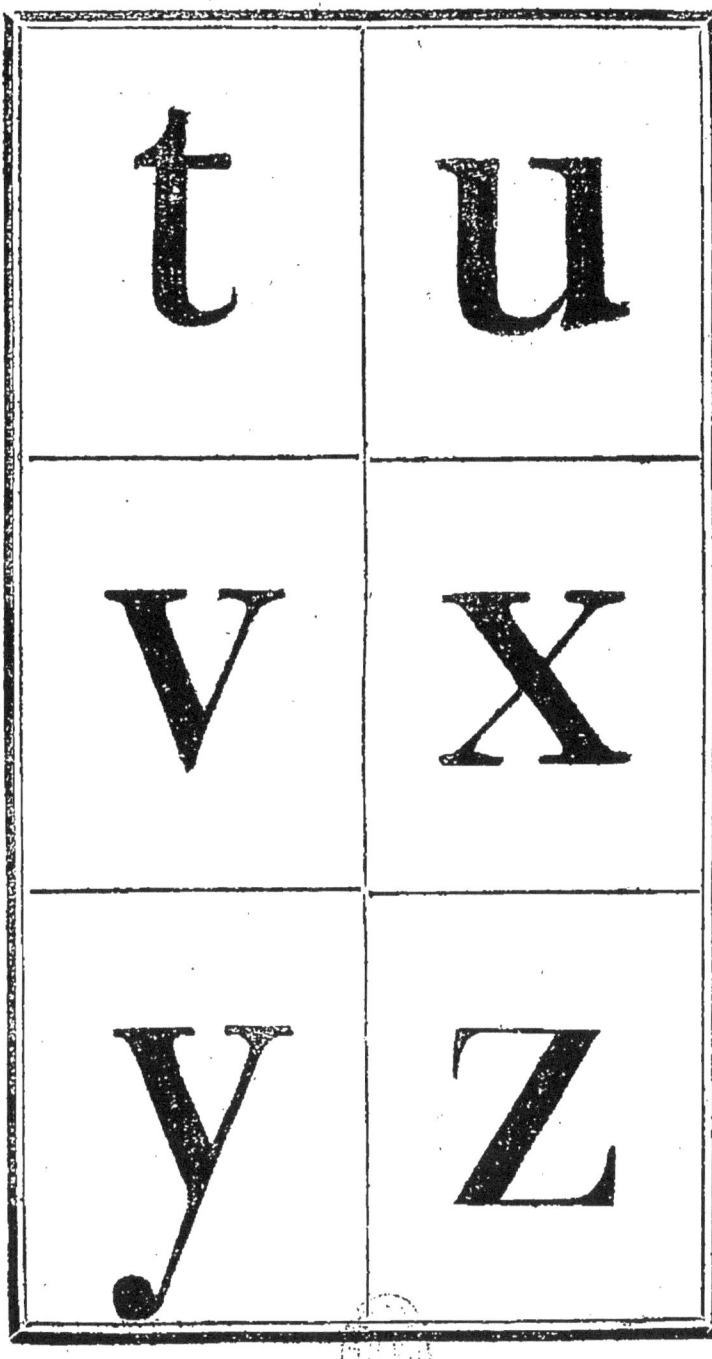

## ALPHABET QUADRUPLE,

ou

*Lettres majuscules et minuscules, courantes, italiques et manuscrites.*

| A a | B b | C c | D d | E e |
|---|---|---|---|---|
| *A a* | *B b* | *C c* | *D d* | *E e* |
| F f | G g | H h | I i | J j |
| *F f* | *G g* | *H h* | *I i* | *J j* |
| K k | L l | M m | N n | O o |
| *K k* | *L l l* | *M m* | *N n* | *O o* |
| P p | Q q | R r | S s | T t |
| *P p* | *Q q* | *R r* | *S s* | *T t t* |
| U u | V v | X x | Y y | Z z |
| *U u* | *V v* | *X x* | *Y y* | *Z z* |

*Lettres doubles et liées ensemble.*

| | | | |
|---|---|---|---|
| æ | œ | fi | ffi |
| ſi | ſſi | fl | ffl |
| ff | ſb | ſl | ſſ |
| ct | ft | w | &. |
| æ | œ | *fi* | *ffi* |
| *ſi* | *ſſi* | *fl* | *ffl* |
| *ff* | *ſb* | *ſl* | *ſſ* |
| *ct* | *ft* | *w* | *&.* |

## Voyelles.

a  e  i ou y  o  u

## Syllabes.

ba be bi bo bu
ca ce ci co cu
da de di do du
fa fe fi fo fu
ga ge gi go gu
ha he hi ho hu
ja je ji jo ju
ka ke ki ko ku

| la | le | li | lo | lu |
| --- | --- | --- | --- | --- |
| ma | me | mi | mo | mu |
| na | ne | ni | no | nu |
| pa | pe | pi | po | pu |
| qua | que | qui | quo | qu |
| ra | re | ri | ro | ru |
| sa | se | si | so | su |
| ta | te | ti | to | tu |
| va | ve | vi | vo | vu |
| xa | xe | xi | xo | xu |
| za | ze | zi | zo | zu |

*Lettres accentuées.*

é (aigu)
à è ì ù (graves)
â ê î ô û (circonflexes)
ë ï ü (tréma)

---

*Signes de la Ponctuation.*

La Virgule (,)
Le Point et Virgule (;)
Les deux Points (:)
Le Point (.)
Le Point d'interrogation (?)
Le Point d'exclamation et d'admiration (!)
Le c cédille (ç)
Les Parenthèses ( )
Les Guillemets ( « » )
Le Trait d'union (-)
L'Apostrophe (')

*Mots faciles à épeler.*

Dieu, pa- pa, ma-man, saint, sain-te, au-tel, fê-te, croix, flam-beau, an-ge, bon an-ge, é-gli-se, chai-se, be-deau, pri-er le Sei-gneur, la bonne-ne Vier-ge, le Ciel, prê-tre, cu-ré, pré-lat, en-cen-soir, chan-de-lier, mes-se, vê-pres, so-leil, chré-tien, chré-tien-ne, fer, feu, tour-mens, mar-tyrs, con-fes-seur, la foi, aimer Dieu de tout son cœur.

*Mots plus difficiles à épeler.*

Re-li-gi-on, ba-si-li-que, pro-ces-si-on, con-fes-si-on, pré-di-ca-ti-on, bé-né-dic-ti-on, no-tre Saint-Pè-re le Pa-pe, vi-cai-re-gé-né-ral, ca-no-ni-sa-ti-on, in-ter-dic-ti-on, ex-com-mu-ni-ca-ti-on, in-ter-di-re, ex-com-mu-ni-er, la pi-é-té, la cha-ri-té, l'es-pé-ran-ce, la tou-te-puis-san-ce di-vi-ne, ab-so-lu-ti-on, car-di-nal, ca-rac-tè-re i-nef-fa-ça-ble, ex-trê-me-onc-ti-on, pa-ti-en-ce, cons-tan-ce, ma-gna-ni-me, con-subs-tan-ti-el, con-subs-tan-ti-a-li-té, im-mor-ta-li-té, é-ter-ni-té, bien-heu-reu-se.

*Phrases simples.*

Adorez Dieu. Honorez les Saints. Assistez aux offices divins. Étudiez votre catéchisme. Respectez vos pères et vos mères. Pratiquez la vertu. Fuyez le vice. Aimez votre prochain. Soulagez les pauvres. Faites vos prières le matin et le soir. Ne méprisez personne. Les pauvres sont les membres de Jésus-Christ. Les Saints sont les amis de Dieu. La sainte Vierge est notre protectrice. Détestez le péché. Notre âme est immortelle. Notre corps rentrera dans la terre. Il ressuscitera au jour du jugement dernier. Une éternité bienheureuse est la récompense des bonnes œuvres.

*Phrases composées.*

L'homme n'a été placé sur cette terre que pour remplir des obligations envers Dieu, envers lui-même, envers le prochain. Pratiquez avec fidélité les commandemens de l'Église, comme émanant de son autorité. Une piété charitable souffre tout, excuse tout, ne soupçonne jamais le mal qu'elle ne voit point. Dieu regarde comme fait à lui-même le bien que l'on fait au dernier des hommes. Il faut que les récompenses que la religion nous promet, soient le premier mobile de nos actions, le premier principe de nos désirs. Lorsqu'on manque à la loi de Dieu, l'on est toujours au moment de trahir son devoir; et si l'on paraît le remplir, ce n'est point par un motif pur et désintéressé, mais par un respect tout humain. Il est beau de voir l'homme puissant, mais charitable, oublier sa grandeur pour venir au secours du misérable. Point de religion qui ne prêche l'humanité, point de pays où elle ne soit plus ou moins en honneur. Il n'y a que la religion qui puisse nous rendre bons catholiques, sujets soumis, citoyens utiles. La religion chrétienne est la seule qui agisse sur le cœur, qui dirige les esprits, qui règle les désirs.

# PREMIER ENTRETIEN.

### JÉSUS-CHRIST.

Vous nous aviez promis, dirent un jour des élèves à leur instituteur, de nous rapporter la vie des principaux Saints du calendrier; mais ne serait-il pas à propos que vous voulussiez bien commencer par celle de Jésus-Christ? Nous avons appris dans notre catéchisme que nous étions nés pour le connaître, l'aimer et le servir; ce que vous nous diriez ne servirait qu'à augmenter en nous la connaissance que nous en avons déjà, et, par conséquent, notre amour pour lui. — Vous avez raison, mes amis, répondit l'instituteur, c'était bien mon intention; et, si vous voulez être attentifs, je vais satisfaire vos désirs. Tous les élèves firent le plus grand silence, et le maître commença ainsi :

Dieu, dans ses conseils éternels (retenez bien ceci, mes amis), avait déterminé la création du premier homme et les bienfaits dont il le devait combler, mais il en avait prévu la chute et les maux qui l'en devaient punir. Sa bonté s'opposait à la vengeance, mais sa justice ne s'opposait pas moins au crime. Toujours grand, toujours magnifique dans la distribution de ses grâces, combien devait-il être sévère dans l'abus qu'en allait faire celui qu'il en accablait? L'homme avait été créé à l'image de son Dieu; il était Dieu lui-même dans une terre toute céleste; maître de tout l'univers et de tout ce qui y respirait; il ne pouvait rien manquer à sa félicité; mais l'orgueil vint la troubler. Ce fut là le terme fatal des plus heureuses prémices. Adam, assez reconnaissant pour obéir à son Dieu, ne fut point assez ferme pour éviter les piéges de Satan; il lui promettait de le rendre égal au Créateur : c'en était déjà trop, sans y ajouter les supplications d'une épouse chérie; Adam se laissa flatter, et tout son bonheur s'évanouit.

Ce fut par ces idées mêmes de grandeur que Dieu voulut lui faire connaître toute sa bassesse. L'ange du Seigneur lui eut à peine reproché sa désobéissance, que le coupable découvrit toute la profondeur de son néant; mais c'était trop peu pour une semblable faute : il fallait, pour l'en punir mieux encore, qu'il vît les maux dont elle allait inonder la terre, qu'il vît que sa chute était celle de l'univers entier.

L'ange du Seigneur paraît donc de nouveau; mais c'est pour annoncer aux patriarches un rédempteur du genre humain

Les prophètes le promettent aux nations dans un long cours de siècles; l'Enfer même est contraint d'avouer qu'il va naître, ce Messie qui doit écraser la tête du serpent.

Les oracles s'accomplissent enfin. La justice s'était vengée, l'amour la désarme : il naît ce Dieu d'amour, mais d'une manière à réparer la chute du premier homme. L'obéissance est opposée à la révolte, l'amour à la haine, la reconnaissance à l'ingratitude; Jésus-Christ, entre Dieu et l'homme, vient combattre le péché, le réparer et l'anéantir. Sa vie est conforme à sa naissance. Né dans une étable, au milieu de vils animaux, il vit dans l'obscurité; Dieu par sa nature, il semble ne s'en plus souvenir que pour penser qu'il est homme ; élevé dans la boutique d'un pauvre artisan, il soutient avec fermeté toutes les incommodités de l'indigence; s'il paraît dès l'âge de douze ans au milieu des docteurs de la loi, c'est moins pour les confondre que pour les étonner par la sagesse de ses réponses; s'il découvre la malice des Pharisiens, c'est moins pour les déconcerter que pour les reprendre avec douceur; s'il paraît en public, c'est pour prêcher l'obéissance aux Césars, et l'obligation de payer le tribut; s'il écarte la foule, c'est pour laisser approcher de lui les petits enfans, parce que leur ingénuité lui plaît. Tel est l'amour d'un Dieu, son objet est d'aimer, et rien ne l'en saurait distraire.

Les vertus de Jésus-Christ, toutes brillantes qu'elles paraissaient, n'étaient cependant pas encore dans tout leur jour : il avait guéri les malades, éclairé les aveugles, redressé les boiteux, ressuscité les morts. La Palestine retentissait du bruit de sa puissance et de sa gloire; mais c'était un champ trop borné pour ses conquêtes : il était venu pour tous, il fallait donc que le monde entier connût son rédempteur.

Cependant les Juifs, trop charnels pour comprendre ce qu'avait eu de mystérieux l'avènement du Messie, attendaient de jour en jour le désiré des nations; ils s'en promettaient les projets les plus vastes, les conquêtes les plus rapides, les succès les plus heureux. Ils se l'étaient représenté comme devant naître dans l'éclat et la majesté du trône. Dieu, sous le nom de Jésus, leur avait bien paru un homme admirable par l'éclat de ses miracles; souvent ils n'avaient pu refuser leurs cœurs à tous les exemples de bonté et de magnanimité dont il les avait rendus témoins; mais ils ne pouvaient croire que ce Jésus fut ce roi, la consolation de leurs pères, leur espoir. Les docteurs de la loi ne souffraient même qu'impatiemment la multitude que ses miracles lui avaient attachée. L'envie ne s'en tint point à de si faibles commencemens, c'était trop peu pour elle d'avoir aveuglé les esprits, il lui fallut encore endurcir les cœurs : elle y réussit trop bien sur des âmes déjà entraînées par une crédulité grossière. L'imposture, la calomnie, la rage, s'apprêtent à répandre toute la noirceur de leur venin. Tout s'élève contre Jésus-Christ, et, tandis qu'un perfide disciple ourdit la conspiration de sa mort, il se retire au jardin des Olives, où il prie son père *d'écarter de lui le calice amer qu'on lui prépare;* mais ses cris ne sont plus entendus; le ciel lui-même est d'airain, son propre père l'abandonne, il reste seul renfermé dans sa douleur, il tombe, et une sueur semblable à des gouttes de sang découle de tous ses membres.

Cependant son amour pour le salut du genre humain l'anime assez pour se relever d'une faiblesse mortelle, et pour pouvoir s'écrier au fort de la douleur : *Vous le voulez, ô mon père, que votre volonté soit faite!*

Alors Jésus-Christ va retrouver ses apôtres : après leur avoir reproché avec douceur *de n'avoir pu veiller une seule heure avec lui,* il leur dit : Allons, l'heure est enfin arrivée où l'enfer dans sa rage, où les hommes, dans leur endurcissement, vont s'acharner à ma perte. Il marche au-devant de ses ennemis : Judas s'avance à la tête d'une soldatesque insolente, armée d'épées et de bâtons. L'infâme disciple ne rougit point de se voir le chef d'une semblable cohorte. Qui ne frémirait en voyant jusqu'où il pousse la trahison! il ose approcher ses lèvres impures de la joue sacrée de celui qui peut d'un seul mot confondre toutes les puissances de l'univers; mais, ô bonté incompréhensible! Jésus-Christ l'embrasse et le traite d'ami.

Ah! monsieur, s'écria le petit Alphonse, comment ce perfide disciple put-il voir, sans en être touché, la tendresse d'un si aimable maître?—Mes amis, reprit l'instituteur, prenez bien garde à ce que je vais vous dire: Ce traître sortait de la cène où Jésus-Christ avait institué la divine Eucharistie. Il s'était préparé à cet attentat par une communion indigne, et le malheur où entraîne la profanation de cet auguste sacrement, est un abîme où l'on tombe presque sans espoir de retour; aussi paya-t-il bientôt la peine due à son crime: tourmenté par les remords, il reporta au prince des prêtres le prix de sa trahison, et se pendit de désespoir.

Que devint Jésus-Christ? dit Amédée.—Il s'abandonna, répondit le maître, à la merci de ses ennemis, qui le lièrent comme un criminel. Pierre tira le glaive et en frappa un des serviteurs du pontife; mais Jésus lui ordonna de remettre l'épée dans le fourreau. — Pourquoi ne souffrit-il pas que l'on prît sa défense, et n'appela-t-il pas les anges à son secours ? — C'était, mes amis, pour nous apprendre, dans la personne de Pierre, que nous ne devons repousser les injures que par la clémence, et aux justes, qu'on ne doit opposer aux persécutions d'autres armes que la patience; d'ailleurs il était écrit qu'il irait à la mort *aussi doux qu'un agneau que l'on conduit à l'autel.*

On le mène d'abord chez Anne, beau-père de Caïphe, et de là chez Caïphe même. Le grand-prêtre lui ordonne de dire s'il est le Christ, le fils du Dieu vivant : *Je le suis*, répondit-il, *et je vous déclare que vous verrez le fils de l'homme assis à la droite de Dieu, lorsqu'il viendra juger les justices mêmes.* Mais tant de douceur dans un homme persécuté, tant de sincérité dans un prétendu criminel, ne sont point capables de déssiller les yeux de ces aveugles. Un vil mercenaire lui donne un soufflet, le grand-prêtre lui déchire ses vêtemens et le trouve digne de mort, et Pierre le renie. — Comment! dit Ariste, ce disciple qui avait montré tant de courage au jardin des Olives? — Oui, mes amis, répondit le maître, Pierre lui-même; il avait juré de ne point abandonner Jésus-Christ, même au prix de son sang; et, à la voix d'une simple servante, il avoue qu'il ne le connaît pas : ô fragilité humaine ! Mais ce Dieu si bon le connaît encore; oui, mes enfans, Jésus-Christ aime toujours un pécheur, même dans son péché; mais il l'aime comme Pierre qui, d'un seul de ses regards, connaît sa faute, la pleure et la déteste.

Ce divin sauveur est ensuite conduit chez Hérode, et de là chez Pilate. Celui-ci connaissant son innocence, cherche à le sauver et à se décharger du crime de tremper ses mains dans son sang. Mais ce fut en vain, il eut beau l'abandonner à une cruelle flagellation pour contenter les Juifs, le peuple furieux lui préféra Barrabas, et voulut qu'il fût crucifié.

Après un semblable arrêt, Jésus-Christ monte au Calvaire entre deux voleurs qui, par un surcroît d'opprobre clairement prédit, doivent être crucifiés avec lui. La fureur des Juifs ne s'est point ralentie, la rage des bourreaux s'accroît, et comme si elle n'eût point dû être entièrement satisfaite, ces tigres sous des figures humaines, se saisissent de nouveau de leur innocente victime; ils arrachent ses habits ensanglantés et collés à ses plaies; ils achèvent, par une violence plus que barbare, de faire joindre les pieds et les mains aux extrémités de la croix, et ils présentent à l'univers la victime du monde.

Mais c'est du haut de la croix que Jésus-Christ fait entendre le langage de l'amour le plus tendre. Il console sa mère, il la recommande à saint Jean, son disciple bien-aimé; il demande pardon à son père pour ses bourreaux mêmes, et il expire en disant que la rédemption des hommes était commencée.

Cependant les disciples détachent de la croix le corps de Jésus-Christ, et l'ensevelissent dans un tombeau; mais, au bout de trois jours, il en sort triomphant ainsi qu'il l'avait prédit. Tantôt il converse avec Marie-Madeleine, tantôt il voyage avec les disciples d'Emmaüs, tantôt il montre ses plaies à l'incrédule Thomas, tantôt il entre dans le cénacle, les portes fermées, pour y souhaiter la paix et la rendre à jamais aimable, et cinq cents frères meurent tous pour attester à l'univers qu'ils ont vu Jésus ressuscité, qu'ils ont bu et mangé avec lui.

Après avoir confirmé sa divinité par sa résurrection, Jésus-Christ s'éleva, par sa propre vertu, dans le ciel, où il est assis à la droite de Dieu, son père. C'est de là qu'il a envoyé le Saint-Esprit à ses apôtres, pour leur donner la force de prêcher la doctrine qu'il leur avait enseignée. Ils sortirent du cénacle remplis d'un zèle tout divin, et sur la foi d'une seule parole, *Allez*, on a vu Pierre dans Rome, Paul à Athènes, les Étienne devant les tyrans, les Protogènes à Sardique, les Frumentin en Ethiopie, les Théophile chez les Arabes, et, dans la suite, les Denis, les Saturnin, chez nous-mêmes ; ils remplirent leur ministère, ils annoncèrent les vérités éternelles à la houlette comme au sceptre, au riche comme au pauvre, aux peuples civilisés comme aux nations barbares; et le succès répondit à leur attente, parce qu'un Dieu même en était le garant, et qu'il avait dit qu'il serait avec son Eglise jusqu'à la consommation des siècles. Ce sont ces vérités éternelles dont nous avons hérité, mes amis, qui nous rendent bien précieux le culte que nous professons. Mais que conclure de ce que je viens de vous dire de l'amour de Jésus-Christ pour nous ? répondez, Théophile.— Que nous devons l'aimer de tout notre cœur, et le lui prouver en faisant sa sainte volonté. — C'est fort bien, mon ami ; que ce que vous venez de dire ne sorte jamais de votre esprit. Oui, nous ne saurions répéter trop souvent ces trois mots : *croyons, espérons, et aimons*.

# SECOND ENTRETIEN.

### LA TRÈS-SAINTE VIERGE.

Avant de vous entretenir de la très-sainte Vierge, dit le maître, il est bon, mes amis, de vous faire observer combien la foi nous présente de grandes idées. Elle laisse loin de nous tous ces objets corporels qui nous environnent, toute cette matière qui, sous diverses formes, nous opprime et nous séduit; et elle nous découvre cette immensité de puissance, de majesté, de bonheur, où revivent toutes les bonnes œuvres, où règnent à jamais les élus de tous les âges et de tous les climats; où Marie, environnée de toutes les vertus qu'elle a pratiquées, brille elle-même du plus grand éclat.

Sans doute, monsieur, dit Théophile, que l'intention de l'Eglise, en remettant devant nos yeux un spectacle aussi ravissant, est que nous en retirions la plus grande utilité?—Certainement, mes amis, répondit le maître; ainsi, en parcourant dans la vie de Marie les vertus qui lui ont mérité la gloire dont elle jouit, le chrétien peut saisir des leçons importantes propres à opérer son salut. —Voudriez-vous bien, notre cher maître, nous les indiquer? — Volontiers, mes amis.

D'abord, je remarque dans la vie de Marie une grande exactitude à remplir les devoirs assignés par le Créateur, devoirs qui nous unissent à la religion, à la patrie, à la société, par ces liens qui se sont formés dès l'origine du monde, et qu'on ne peut absolument rompre. Sanctifiée dans le sein de sa mère, elle se rend au temple, étant encore enfant, pour se vouer à Dieu. Elle montre une obéissance à toute épreuve envers ses parens; et s'instruisant par la suite à l'école de Jésus-Christ, elle apprend à chérir la patrie, à remplir toute justice, à rendre enfin aux Césars ce qui leur appartient.

Plus elle est élevée en dignité, moins elle pense à s'affranchir des obligations qui nous lient à la société. Bonne parente, bonne amie, toute sa vie sert d'édification et de modèle: on ne la voit point se prévaloir de la divinité de son fils, pour vivre dans le faste et dans les délices; cette terre lui paraît un passage où il ne faut arrêter ni ses désirs ni ses regards; elle ne connaît de gloire que celle de mépriser le monde et de ne s'occuper que des biens célestes. Les prodiges qu'opère son fils, les honneurs qu'on lui rend lorsqu'il entre dans Jérusalem, la gloire qui accompagne sa résurection, ne lui servirent point de prétexte pour se produire au milieu du monde; elle veut être ignorée, convaincue qu'il n'y a que le ciel qui puisse remplir le cœur de la mère d'un Dieu.

Toute sa conduite n'offre qu'un acte de soumission et d'humilité. Loin de murmurer des obligations qui l'assujettissent à des devoirs rigoureux, elle observe avec le plus grand empressement la loi de la purification, qui paraît la confondre avec les pécheurs; elle fuit en Égypte; elle éprouve toutes les contradictions; elle souffre au pied de la croix tout ce que la douleur et l'humiliation peuvent produire de plus cruel; et parce qu'elle souffre avec résignation, et parce que la carrière qu'elle parcourt depuis sa naissance jusqu'à sa mort, est un sacrifice continuel dont elle fait hommage à Dieu, le trépas n'a rien pour elle que de consolant et de glorieux : elle voit les portes éternelles s'ouvrir, et les humiliations se changent en triomphe. Les anges eux-mêmes s'empressent de la transporter dans le sanctuaire de la justice et de la paix, où des cieux incorruptibles l'enveloppent de leur lumière et de leur majesté : et c'est là que, devenue la reine de tous les Chrétiens, elle jouit de la suprême félicité.

C'est parce qu'elle fut humble et qu'elle

ne fit pas valoir les droits que lui donnait à la gloire l'honneur de compter quatorze rois parmi ses aïeux, et surtout l'avantage inestimable d'être la mère d'un homme-Dieu, que ses vertus servent de modèles à toutes les nations; que l'on vient dans nos temples réclamer sa puissante protection, que son image est portée avec honneur sur les décorations que nos princes établirent pour récompenser le mérite et la vertu; et que les reines elles-mêmes se font une gloire de porter son nom.

Avons-nous encore, dit Théophile, quelque monument public de la piété de nos rois envers la Sainte-Vierge?—Nous avons, répondit le maître, le vœu de Louis XIII: il voulut, à l'occasion des victoires qu'il remporta, que son royaume fut mis sous la protection toute-puissante de la reine des Saints, et que, chaque année, le jour de l'Assomption, on fasse dans toutes les églises une procession qui rappelle son vœu, et qui devienne une époque solennelle de sa dévotion envers Marie.

Enfin, mes amis, sachez qu'il n'y a pas un pays dans le monde où le nom de Marie ne soit connu; point de climats où elle ne reçoive des hommages, la religion chrétienne s'étant fait un passage à travers tous les obstacles, pour aller porter sa lumière jusque dans les lieux les plus déserts et les plus barbares.

Les élèves furent si satisfaits des détails intéressans que venait de leur donner le maître, qu'ils lui promirent, dans l'effusion d'un cœur vraiment pieux, de ne passer aucun jour de leur vie sans réclamer, soir et matin, la puissante protection de la très Sainte-Vierge.

## TROISIÈME ENTRETIEN.

### SAINTE GENEVIÈVE.

La sainte dont je vais vous entretenir, dit le maître à ses élèves, va vous fournir bien des sujets d'admiration; aussi je suis persuadé que vous allez m'écouter attentivement.—Quelle est cette sainte? dit Amédée.—Sainte Geneviève.—Ah! monsieur, s'écrièrent tous les élèves, nous entendrons l'histoire de sa vie avec bien du plaisir, parce qu'on nous a toujours dit que sainte Geneviève était la patronne de Paris, et que son intercession auprès de Dieu était toute-puissante.

Sainte Geneviève, reprit le maître, naquit à Nanterre, proche Paris, vers l'an

422; elle n'avait encore que sept ans, lorsque saint Germain, évêque d'Auxerre, et saint Loup, évêque de Troyes, passèrent à Nanterre, en allant en Angleterre pour y défendre la foi contre l'hérésie de Pélage.— Quel était ce Pélage? demande Théophile. —Pélage était un moine, né en Angleterre, qui enseignait une doctrine contraire à celle de l'Évangile. — Oh! le méchant moine, s'écria Ariste : saint Germain et saint Loup firent bien d'aller combattre l'impiété de ce méchant; si je m'étais trouvé à Nanterre du temps de sainte Geneviève, je les aurais accompagnés. Le maître ne put s'empêcher de rire de la naïveté de l'enfant, et lui dit : C'est très-bien, mon cher Ariste. Et il continua ainsi :

Une grande foule de peuple s'assembla pour voir les saints évêques. Sainte Geneviève y fut conduite par son père et sa mère.... mais saint Germain, inspiré par l'esprit de Dieu, la remarqua, et l'ayant fait approcher, il prédit à son père et à sa mère que cette petite fille serait grande devant Dieu; ensuite il demanda à Geneviève si elle voulait se consacrer à Jésus-Christ comme son épouse; elle répondit que c'était tout son désir, et il la mena à l'église, où il lui tint la main sur la tête pendant tout le temps que dura la prière; ensuite le saint évêque ayant regardé à terre, il aperçut une médaille de cuivre sur laquelle la croix était empreinte : il la lui donna et lui recommanda de la porter à son cou, en ajoutant ces paroles remarquables : « Ne souffrez pas que votre cou et vos doigts soient chargés d'or, d'argent, ou de pierreries, car si vous aimiez la parure du siècle vous seriez privée des ornemens célestes et éternels. »

Peu de temps après le départ des deux saints évêques, sa mère voulut aller à l'église un jour de fête solennelle. Geneviève la pria de la mener avec elle, ce qui lui fut refusé; et comme elle faisait de vives instances, cette femme entra en colère et lui donna un soufflet. Son emportement fut puni sur le champ : elle perdit la vue et demeura aveugle pendant deux ans. Enfin, se souvenant de la prédiction de saint Germain, elle ordonna à sa fille de lui apporter de l'eau du puits, et de faire le signe de la croix dessus. Sa foi fut récompensée, car, après s'en être lavé les yeux deux ou trois fois, elle recouvra la vue entièrement.

Geneviève reçut le voile sacré des mains de l'évêque de Paris. Après la mort de son père et de sa mère elle se retira à Paris, chez sa marraine. Dès l'âge de quinze ans, elle s'imposa les jeûnes les plus rigoureux; elle se mettait en retraite depuis l'Épiphanie jusqu'au jeudi saint pour se disposer à la fête de Pâques.

La vertu de Geneviève fut long-temps éprouvée par de grandes persécutions, et attaquée par la calomnie; mais sait Germain, ainsi passé par Paris dans son second voyage en Angleterre, et s'étant informé de Geneviève, il lui rendit visite, et la traita avec un respect qui fut admiré de tout le monde.

Attila, surnommé le fléau de Dieu, après avoir ravagé plusieurs provinces de l'empire romain, était entré dans la France avec une armée formidable. Les habitans de Paris, craignant qu'ils ne s'avançassent jusqu'à cette ville, pensaient à se retirer dans des places plus fortes. Geneviève voulut les en détourner, en engageant les femmes à apaiser la colère du ciel par les prières. Elle ne put persuader la même chose aux hommes, qui la traitèrent de superstitieuse, et qui allèrent jusqu'à vouloir attenter à ses jours; mais un archidiacre d'Auxerre les détourna de leur mauvais dessein, en leur montrant les eulogies qu'il apportait à Geneviève de la part de saint Germain; et les Huns ne s'étant point avancés, on n'eut plus pour elle que des sentimens de vénération et de respect.

Monsieur, dit au maître le jeune Alphonse, faites-nous le plaisir de nous expliquer ce qu'étaient les eulogies que saint Germain envoya à sainte Geneviève? — Les eulogies, mes amis, répondit le maître, étaient des présens de choses saintes que l'on s'envoyait dans ces temps-là pour marque d'estime et d'amitié. Ainsi, ne soyons pas étonnés si la sainteté de la vie de Geneviève fut récompensée par le don des miracles. Cette vertu l'accompagnait partout, et on venait de toutes parts implorer son secours. Elle mourut au commencement du sixième siècle, âgée de quatre-vingt-dix ans. Son corps fut inhumé dans l'église des saints apôtres saint Pierre et saint Paul, qui porta dans la suite le nom de sainte Geneviève. Ses reliques reposent actuellement dans l'église de Saint-Etienne-du-Mont.

Les élèves terminèrent leur dialogue en faisant promettre à leur instituteur qu'au premier jour de congé il les mènerait voir la nouvelle église de Sainte-Geneviève.

## QUATRIÈME ENTRETIEN.

### SAINT ANTOINE.

Voici un saint, mes amis, qui est le patron de bien des gens, mais qui a peu d'imitateurs.—Pourquoi cela, monsieur? dirent les élèves.— Parce que peu de personnes sont disposées à tout quitter pour vivre seules dans un désert. — Comment se nomme ce saint? dit Ariste. — Saint Antoine.— Sa vie doit être très-curieuse? — Et très-édifiante; vous allez en juger.

Antoine naquit dans un village de la Haute-Égypte, de parens nobles, riches et vertueux, qui l'élevèrent chrétiennement. Il resta possesseur de ses grands biens à l'âge de dix-sept ans. Il entra dans une église au moment qu'on lisait ces paroles de Jésus-Christ à un jeune homme riche : *Si vous voulez être parfait, allez vendre tout ce que vous aurez; donnez-en le prix aux pauvres, vous aurez un trésor dans le ciel, et ensuite suivez-moi.* Ayant cru entendre ces paroles pour lui, dès qu'il fut sorti de l'église, il distribua ses terres, vendit ses meubles, en donna le prix aux pauvres, ensuite il se retira dans une cellule auprès de son village. Il fut le premier qui imagina de mener une vie solitaire.

Il travaillait de ses mains, et c'est ce qu'il observa toujours, sachant, dit saint Athanase, l'auteur de sa vie, que celui qui ne travaille point ne doit pas manger. Il ne réservait de son travail que ce qu'il lui fallait pour vivre, et il donnait le reste aux pauvers.

Le désir d'une plus parfaite solitude lui fit quitter la cellule où il s'était d'abord retiré, pour aller loin de son village s'enfermer dans un tombeau.—Comment, un tombeau! s'écria Eugène.—Oui, mon ami, répondit le maître, et vous n'en serez pas surpris, quand vous saurez qu'en Egypte les tombeaux étaient des bâtimens considérables. Là il fut horriblement tenté par le démon; mais Jésus-Christ lui apparut et le soutint par sa grâce. Enfin il prit la résolution, à l'âge de trente ans, de se retirer tout à fait dans le désert.

Ayant passé le Nil, il se retira dans un vieux château abandonné depuis long-temps; il en ferma les portes et ne se laissa pas voir; quelques personnes seulement lui apportaient du pain deux fois l'année.—Cela est-il possible? s'écrièrent les élèves.—Oui, mes amis, répondit le maître. Dans la Thébaïde, assurent certains historiens, on avait le secret de faire du pain qui durait un an sans se corrompre.

Antoine passa vingt-cinq ans dans cette retraite; enfin, voyant qu'un grand nombre de personnes s'y rendaient et demandaient à imiter son genre de vie, il en sortit, et il les exhorta à donner leurs biens aux pauvres et à penser à leur salut. Alors il se forma un grand nombre de monastères, dont il fut abbé ou supérieur. Tous les ans il visitait ses frères, et les encourageait à persévérer dans la pratique des vertus, et à demeurer attachés à la croyance de l'Eglise.

L'empereur Maximien ayant renouvelé sa persécution contre les Chrétiens, Antoine se rendit à Alexandrie pour encourager les martyrs et les confesseurs. Malgré que les juges l'eussent vu plusieurs fois, ils ne le firent point arrêter, et il revint dans son désert.

Sa réputation alla jusqu'à la cour de l'empereur Constantin. Ce prince et ses enfans lui écrivirent et lui témoignèrent le désir de recevoir de ses nouvelles. Antoine leur répondit, et leur donna de bons avis.

Enfin il visita ses frères pour la dernière fois, et leur annonça sa mort prochaine. Ils fondirent tous en larmes, et le prièrent de demeurer parmi eux afin qu'ils eussent la consolation de lui fermer les yeux. Il leur refusa, et s'en retourna dans sa retraite avec les deux frères qu'il avait avec lui depuis quinze ans, et qui le servaient à cause de son grand âge. Quelques mois après, il tomba malade, et il mourut avec une joie qui paraissait encore sur son visage après sa mort : il était âgé de cent trois ans.—C'est un grand âge, dit Théophile.—Oui, mon ami, répondit le maître ; et cela nous prouve que la vie sobre et une sagesse exemplaire conduisent l'homme à une extrême vieillesse, tandis que les méchans ne peuvent vivre long-temps.

## CINQUIÈME ENTRETIEN.

### SAINT FRANÇOIS DE SALES.

Saint François de Sales, dont nous allons nous entretenir, dit le maître, était surnommé l'apôtre de la douceur. Zélé défenseur de la foi, il était indulgent pour les pécheurs et les hérétiques.

Il naquit au château de Sales, près de Genève, de parens nobles et riches. Lorsqu'il eut fait ses premières études à Annecy, ils l'envoyèrent à Paris où il fit sa rhétorique, sa philosophie et sa théologie chez les Jésuites. Ensuite son père l'envoya à Padoue, où était la plus célèbre école de droit; il y prit le bonnet de docteur. Il fut reçu avocat au sénat de Chambon. Dans le même temps, le duc de Savoie lui envoya les provisions d'une charge de sénateur : ce fut alors que François, obligé de s'expliquer, déclara la résolution qu'il avait prise de se consacrer au service de Dieu dans l'état ecclésiastique. Le comte et la comtesse de Sales n'y consentirent qu'avec peine, parce qu'il était l'aîné de leurs enfans.

François, après avoir reçu la prêtrise, parut un homme vraiment rempli d'un zèle apostolique. Il prêchait rarement dans les villes où il craignait que les applaudissemens des hommes ne lui enlevassent le fruit de ses prédications. Il parcourait les bourgs, les villages et les hameaux, pour instruire les pauvres gens de la campagne qui ignoraient jusqu'aux premiers principes de la religion. Ses grands travaux pour le service de l'Eglise lui attirèrent tellement l'estime du duc de Savoie, qu'il le fit presser d'accepter une place dans le sénat de Chambéry; mais François la refusa constamment, et répondit que le ministère apostolique suffisait pour occuper un homme tout entier.

Lorsque le duc de Savoie fut rentré dans la possession du duché de Chablais et d'autres pays, il pensa à faire rentrer dans le sein de l'Eglise catholique les peuples de ces cantons que l'hérésie avait infectés. Tout le monde fut effrayé à la vue d'une mission aussi périlleuse; mais François s'offrit à la remplir, accompagné d'un seul ecclésiastique de ses parens, nommé Louis de Sales. Lorsqu'ils furent arrivés près du duché de Chablais, François se mit à genoux, fit sa prière, et s'étant relevé, et ayant embrassé son parent, il lui dit : Nous allons remplir les fonctions des apôtres; tâchons de les imiter. Aussitôt il renvoya ses chevaux, et ne garda qu'un seul domestique qui portait dans un sac une Bible et un Bréviaire : il allait à pied, un bâton à la main, dans un pays où les chemins étaient très-rudes. Il éprouva bien des difficultés et des persécutions : les hôtelleries lui fermaient leurs portes; on ne voulait pas même lui donner du pain pour de l'argent. La fureur des ministres calvinistes alla jusqu'à aposter des gens pour le faire périr; mais il surmonta tous les obstacles par sa patience, sa douceur et sa confiance en Dieu. Les hérétiques, frappés de ses vertus, furent forcés de céder, et le Chablais rentra dans le sein de l'Eglise catholique.

Je voudrais bien avoir ce saint pour mon patron, dit Ariste. — Sans l'avoir pour votre patron, répondit le maître, tâchez de l'imiter. Il était enclin comme vous à la colère; mais il se fit tant de violence pour devenir doux et patient, que, lorsqu'on l'ouvrit après sa mort, on trouva son cœur calciné. Continuons le récit de ses belles actions.

L'évêque de Genève ayant appris les succès de François, lui offrit de le faire son coadjuteur; mais il refusa, et il ne se rendit dans la suite que parce qu'on lui remit le brevet du duc de Savoie, avec ordre d'accepter, sous peine de désobéissance.

Etant venu à la cour de France pour affaires de religion, Henri IV lui offrit une pension de vingt-cinq mille francs, avec la promesse du premier évêché vacant. Il refusa l'évêché, en disant que Dieu l'ayant appelé, malgré lui, à l'évêché de Genève, il se croyait obligé de suivre sa vocation : quant à la pension, il représenta que le peu de bien qu'il avait, suffisait pour l'entretenir. Le roi cependant ayant su que le revenu de l'évêché de Genève n'allait tout au plus qu'à trois ou quatre mille livres de rente dit, que c'était trop peu pour un homme du mérite de François, et il lui fit expédier le brevet d'une pension de mille écus. François n'osa le refuser pour cette fois ; mais il pria le roi de trouver bon que cet argent demeurât entre les mains du trésorier de l'épargne, et qu'il le demanderait quand il en aurait besoin. Le roi vit bien que c'était un honnête refus ; et il ne put s'empêcher de dire que l'évêque de Genève, avec cette heureuse indépendance où sa vertu l'avait mis, était autant au-dessus de lui, que la royauté l'élevait au-dessus des autres hommes.

François ayant repris le chemin d'Annecy, apprit en chemin la mort de l'évêque de Genève : il se rendit de suite en Savoie; et, après une retraite de vingt jours au château de Sales, il fut sacré par l'archevêque de Vienne, son métropolitain. Il exécuta sans délai le plan qu'il avait dressé pendant sa retraite pour sa conduite particulière, pour le réglement de sa maison et le gouvernement de son diocèse.

Christine de France ayant épousé le prince de Piémont, elle fit sa maison, et offrit à François la charge de son premier aumônier. Le saint évêque refusa en disant que cette charge était incompatible avec la résidence dans son diocèse à laquelle il était tenu; et comme la princesse le pressa de nouveau, il accepta à deux conditions: l'une, que cette charge ne l'empêcherait pas de résider dans son diocèse; l'autre, qu'il n'en toucherait point le revenu quand il ne l'exercerait point. La princesse fut obligée de consentir à ces deux conditions, et aussitôt elle lui fit présent d'un diamant d'un grand prix, en disant : C'est à condition que vous le garderez pour l'amour de moi.—Je vous le promets, madame, répondit-il, à moins que les pauvres n'en aient besoin.—En ce cas, dit la princesse, contentez-vous de l'engager; j'aurai soin de le dégager. Je craindrais, madame, repartit François, que cela n'arrivât trop souvent, et que je n'abusasse de votre bonté.

Le cardinal, de retour, lui offrit, de la part du roi, la coadjutorerie de Paris avec vingt mille francs de pension. Dieu, répondit-il, m'a donné l'église de Genève pour épouse, je ne dois point l'abandonner.

L'an 1622, il eut ordre du duc de Savoie de se rendre à Avignon, où ce prince avait dessein d'aller saluer le roi Louis XIII. Le saint partit d'Annecy déjà indisposé, et avec un pressentiment de sa mort prochaine. D'Avignon, il alla à Lyon avec le cardinal de Savoie. Il y prêcha le jour de Noël; le jour de Saint-Jean, après avoir célébré la messe, il tomba dans une faiblesse qui fut suivie d'une apoplexie. Il en mourut le lendemain, 28 décembre, âgé de cinquante-cinq ans, dans la vingtième année de son épiscopat. Son corps fut porté à Annecy et inhumé dans l'église de la Visitation; son cœur demeura à Lyon dans le monastère du même ordre. Il fut canonisé, l'an 1655, par le pape Alexandre VII.

Quel dommage, monsieur, dit Théophile, qu'un aussi grand homme soit mort sitôt! quel bien il eût encore fait, s'il eût vécu aussi long-temps que saint Antoine! —Mes amis, répondit le maître, nos années sont entre les mains de Dieu, et nous ne savons pas le nombre que nous devons en passer sur la terre. C'est pourquoi on doit s'accoutumer, dès son enfance, à faire le bien, et surtout à acquérir la douceur chrétienne qui était la vertu dominante de saint François de Sales. Celui qui la possède a un cœur tendre pour tout le monde; il est porté à pardonner et à excuser les fautes des autres; il témoigne la bonté de son cœur par une douce affabilité qui influe sur ses paroles et ses actions, et lui fait trouver tout agréable; il s'interdit tout discours sec, brusque, impérieux: une aimable sérénité est toujours peinte sur son visage; il ne ressemble point à ces gens qui ne lancent que des regards furieux, qui ne savent que refuser, ou qui accordent de si mauvaise grâce, qu'ils perdent tout le mérite du bienfait.

## SIXIÈME ENTRETIEN.

### SAINT JOSEPH.

Y a-t-il quelqu'un parmi vous, dit le maître, qui se nomme Joseph?—Moi, monsieur, répondit Amédée. — Eh bien! connaissez-vous la vie de votre patron? — Non, monsieur; on m'a dit seulement que saint Joseph était l'époux de la sainte

Vierge. — Oui, mon ami, et c'est un de ces grands mystères que nous devons adorer sans chercher à les approfondir. Je vais vous rapporter tout ce que l'Eglise nous dit de ce grand saint.

Joseph n'ignorait pas ce que le Seigneur avait dit par le prophète Isaïe : *Voici qu'une Vierge concevra dans son sein et enfantera un fils, et vous l'appellerez Emmanuel, c'est-à-dire, Dieu avec vous.* C'est pourquoi il regarda la sainte Vierge comme la mère de son fils, et sa vénération égala sa tendresse. Il fut obligé d'aller avec elle à Bethléem pour y donner son nom, comme étant descendu de David, dans le dénombrement général qu'Auguste faisait faire de l'empire. Quand ils furent l'un et l'autre à Bethléem pour se soumettre à la loi du prince, ou plutôt pour obéir à l'ordre de Dieu qui faisait servir la vanité d'Auguste à l'accomplissement de ses desseins, le temps où Marie devait mettre au monde le Sauveur, arriva.

La foule et les riches ayant rempli les hôtelleries, Joseph et Marie ne trouvèrent qu'une étable. Joseph adora la divine providence qui règle tout selon son bon plaisir. A minuit, il vit naître dans cette étable le Dieu du ciel et de la terre ; mais quelle dut être sa joie, quand il entendit les anges annoncer cette heureuse naissance, et qu'il vit les bergers accourir en foule pour adorer ce Dieu fait homme! Joseph eut soin d'élever l'enfant Jésus, comme s'il eût été son fils, selon la chair, pendant qu'il lui rendait, comme à son Dieu, les hommages et les adorations qui lui étaient dus.

Quarante jours après sa naissance, il le porta à Jérusalem, où il fut témoin de ce que Siméon et Anne prophétisèrent et publièrent de ce rédempteur d'Israël. Il vit aussi avec joie les mages qui vinrent de l'Orient le reconnaître pour le maître et le Dieu de l'univers. Mais à peine fut-il de retour à Bethléem, qu'il apprit par un ange, qu'Hérode cherchait l'enfant pour le faire mourir, et lui commanda de fuir en Egypte avec Jésus et Marie. Joseph partit aussitôt, et, plein de cette foi divine, supérieure à tous nos vains raisonnemens, il n'examina point pourquoi Dieu permettait cette persécution; il se retira en Egypte sans murmurer, et y demeura jusqu'à la mort d'Hérode. Ayant appris qu'Archélaüs régnait en sa place, il revint dans la Palestine. Il se retira en Galilée, dans sa demeure ordinaire de Nazareth. Religieux observateur de la loi, il allait de là tous les ans à Jérusalem avec Marie, pour y célébrer la fête de Pâques; y ayant mené Jésus à l'âge de douze ans, ils furent, pendant trois jours, sans savoir où il était, ce qui leur causa une extrême affliction. L'ayant enfin trouvé dans le temple, au milieu des docteurs, ils ne purent s'empêcher de lui témoigner la douleur que son absence leur avait causée; mais Jésus leur répondit qu'il faisait la volonté de son père céleste. Joseph et Marie le ramenèrent avec eux à Nazareth, où il leur était soumis. La tradition, mes amis, ne nous apprend rien de plus sur saint Joseph, qui soit certain; mais que pensez-vous de ce que vous venez d'entendre?—Je pense, répondit Théophile, qu'il y a beaucoup d'artistes pauvres et justes comme saint Joseph, et que par conséquent nous ne devons point mépriser ceux qui sont d'une condition basse.—Ajoutez encore, reprit le maître, que Jésus-Christ ayant voulu naître dans une telle condition, c'est ne pas connaître son esprit que de désirer être riche et à son aise.

## SEPTIÈME ENTRETIEN.

### SAINTE MARGUERITE.

Vous avez, mes amis, dit le maître, des parentes et des amies qui ont sainte Mar-

guerite pour patronne. Moi, dit l'un, j'ai une sœur; moi, ajouta l'autre, j'ai une cousine.—Vous leur avez souvent souhaité leur fête, reprit leur maître, sans connaître les vertus de leur patronne, qui était une grande reine? — C'est bien vrai, monsieur, et vous nous obligerez de nous dire ce que l'histoire en rapporte.

Marguerite était fille d'Edouard IV, roi d'Angleterre; elle s'accoutuma de bonne heure à mépriser les vanités du monde et à chercher à plaire à Dieu. Mariée à Malcolm, roi d'Ecosse, elle le porta à faire régner la justice, et à rendre la religion florissante dans ses Etats.

L'exactitude avec laquelle elle s'acquitta de ce qu'elle devait à ses enfans, est un modèle parfait pour toutes les mères chrétiennes. Elle les instruisait elle-même des principes de la foi, et leur inspirait l'amour de la vertu.

Elle ne sortait point de son palais qu'elle ne fût entourée de veuves, d'orphelins et de malheureux. Sa tendresse pour eux n'avait point de bornes; elle leur distribuait tous les biens dont elle pouvait disposer.

Au milieu des mets dont la table du roi était couverte, elle gardait une sobriété si grande, qu'elle se levait toujours n'ayant pas satisfait à son appétit. Elle s'imposait des jeûnes rigoureux pour se disposer à la fête de Pâques, et elle contracta par ses austérités des infirmités si grandes, qu'elle ne pouvait presque demeurer hors du lit. Elle mourut le 16 de novembre 1094, âgée de 47 ans.

Vous voyez, mes amis, par la vie de cette grande reine, que les personnes élevées en dignité ne s'estiment heureuses qu'autant qu'elles peuvent contribuer à soutenir la piété et la justice, et à soulager les malheureux.—Oui, monsieur, répondirent les élèves, et nous en avons aussi des preuves sous les yeux dans la cour de France.

## HUITIÈME ENTRETIEN.

### SAINT JEAN-BAPTISTE.

Quel est le saint, mes amis, dit le maître, dont le jour de la naissance excite une grande joie dans le monde chrétien?—C'est saint Jean-Baptiste, s'écrièrent tous les élèves. — Mais en savez-vous la raison? —Non, monsieur. — La voici: c'est que la naissance des apôtres, des martyrs, des prophètes et des patriarches, n'a rien eu que de naturel, qu'ils n'ont reçu la grâce du Saint-Esprit que dans la suite de leur âge; en un mot, qu'ils ne sont point nés prophètes ni martyrs, ou témoins de Jésus-Christ, comme saint Jean. L'institution de cette fête nous est venue par la tradition des anciens, pour la transmettre à la postérité.

Lorsque Jésus-Christ voulut prendre un corps semblable au nôtre, il fit paraître avant lui Jean-Baptiste, comme l'étoile qui paraît avant le lever du soleil. La première nouvelle en fut apportée par Zacharie, prêtre de la race d'Aaron; Elisabeth, sa femme, et cousine de la sainte Vierge, était de la même race. L'ange du Seigneur apparut à Zacharie au côté droit de l'autel où il officiait. Zacharie fut saisi de frayeur, mais l'ange lui dit : Ne craignez point, votre prière est exaucée; Elisabeth votre femme concevra et enfantera un fils. Comment cela peut-il se faire? répondit Zacharie; je suis vieux, et ma femme est déjà avancée en âge. « C'est Dieu, reprit l'ange, qui m'a envoyé vous annoncer cette bonne nouvelle; mais à cause de votre incrédulité, vous demeurerez muet jusqu'à l'accomplissement des promesses que je vous fais. »

Quelque temps après, Elisabeth ayant conçu l'enfant que l'ange avait promis, elle demeura retirée chez elle pendant cinq mois; elle était dans son sixième mois, lorsqu'elle reçut la visite de la sainte Vierge, qui venait de concevoir le fils de Dieu par l'opération du Saint-Esprit.

Elisabeth accoucha, et mit au monde le fils qui lui avait été promis. Ses voisins et ses parens accoururent pour célébrer la miséricorde que Dieu avait exercée sur elle. Le huitième jour, lorsqu'il fallut le circoncire, ils le nommèrent Zacharie, qui était le nom de son père; mais Elisabeth prenant la parole, leur dit : Non, mais il sera nommé Jean. On lui dit que personne n'avait ce nom dans la parenté; et en même temps ils demandèrent par signes à son père, quel nom il voulait lui donner; et il écrivit sur des tablettes que Jean était son nom; ce qui étonna tout le monde. Le nom de Jean signifie *miséricorde, grâce, pitié*, et Dieu avait destiné ce nom au précurseur de sa grâce et de sa miséricorde. Au même instant la langue de Zacharie, que son incrédulité avait liée, fut déliée par sa foi et son obéissance; et recevant avec le don de la parole le don de prophétie, il publia que Dieu allait accomplir ce qu'il avait promis à Abraham; que le Messie était près de paraître; et que Jean en serait le précurseur et le prophète. L'Eglise chanta tous les jours ce cantique à l'office de Laudes.

Jean-Baptiste se retira dès son enfance dans le désert. Il pratiquait une austère pénitence; son vêtement était un cilice fait de poils de chameau, qu'il tenait serré autour de ses reins avec une ceinture de cuir. Pour sa nourriture, il n'avait que des sauterelles ou du miel sauvage. Il vint sur le Jourdain aux environs de Jéricho; il prêchait le baptême de la pénitence, et annonçait la venue du Messie.

Pendant que saint Jean baptisait et instruisait ainsi les pécheurs, Jésus-Christ voulut aussi être baptisé par lui. quoique le sauveur des pêcheurs. Il vint pour cela de Nazareth vers le Jourdain, et quand il fut sorti de l'eau, les cieux s'ouvrirent, et le Saint-Esprit descendit sur lui.

Jean ayant reproché à Hérode ses crimes, et particulièrement d'avoir épousé Hérodiade, femme de Philippe son frère, dont elle avait eu une fille nommée Salomé, fut mis en prison. Quelque temps après, cette fille ayant dansé avec grâce devant Hérode, il lui promit de lui accorder tout ce qu'elle lui demanderait. Ayant rapporté cela à sa mère, celle-ci lui conseilla de demander la tête de saint Jean: Hérode frémit d'abord; mais pour ne pas manquer à une promesse qu'il avait faite en présence de toute sa cour; il envoya un de ses gardes couper la tête au saint précurseur. On apporta ensuite cette tête dans un plat à Salomé, et Salomé la porta à sa mère. L'histoire rapporte que cette femme, voulant se venger de la liberté avec laquelle saint Jean lui avait reproché ses désordres, lui perça la langue avec une aiguille. Les disciples de saint Jean emportèrent son corps et l'enterrèrent. Ceci arriva au commencement de l'an 32 de Jésus-Christ.

Ainsi, dit Eugène, la tête du plus grand homme devint le prix d'une danse. — Oui, mes amis, répondit le maître, et c'est ce qui doit nous inspirer de l'horreur pour les plaisirs dangereux, parce qu'ils deviennent toujours criminels.

## NEUVIÈME ENTRETIEN.

### SAINT PIERRE.

La foi que vous professez, mes amis, dit le maître, doit vous rendre bien intéressante la vie de saint Pierre. Il fut choisi par Jésus-Christ pour être le prince des apôtres, le chef visible de l'Eglise sur la terre. C'est par lui qu'a commencé cette succession de papes qui s'est étendue jusqu'à nous, et qui est un objet de vénération pour tous les Chrétiens. Ce peu de paroles frappa tellement les élèves, qu'ils le prièrent de les entretenir de saint Pierre, que plusieurs d'entre eux avaient pour patron.

Simon, reprit le maître, qui fut ensuite appelé Pierre, s'occupait à la pêche avec André, son frère, sur le bord du lac de Génézareth. Il était marié avant que Jésus-Christ l'appelât à l'apostolat, et on prétend que sa femme arriva à la gloire du martyre.

Jésus-Christ, revenant de Jérusalem, rencontra sur le bord du lac de Génézareth André et Pierre qui lavaient leurs filets. Il monta dans leur barque pour instruire le peuple qui venait l'écouter en foule; ensuite il dit à Pierre: Jetez vos filets en pleine mer pour pêcher. Pierre obéit, et la pêche fut si abondante, quoiqu'ils n'eussent pu rien prendre pendant toute la nuit, que leurs filets se rompaient. Pierre, étonné du miracle, protesta qu'il ne méritait pas d'approcher du saint des saints; mais, dès ce moment, il quitta tout pour suivre Jésus-Christ, et s'attacha à lui; et le Sauveur du monde fit, quelque temps après, l'élection des douze apôtres, à la tête desquels l'Ecriture et la tradition mettent toujours saint Pierre.

Pierre répondit parfaitement à sa vocation: on le vit toujours, depuis, plein de zèle pour Jésus-Christ et sa doctrine. Il est vrai qu'il renia Jésus-Christ dans sa passion ; mais Dieu permit cette faiblesse, parce que la volonté de Pierre, de ne point abandonner son maître, était mêlée d'une présomption qui avait besoin d'un remède qui l'humiliât. Dès que Pierre eut commis cette faute, Jésus jeta sur lui un regard de grâce et de miséricorde. Pierre connut la grandeur de son péché, et le pleura amèrement.

Jésus-Christ étant monté au ciel, Pierre se retira à Jérusalem avec les apôtres et la sainte Vierge, pour y attendre le Saint-Esprit, qui descendit sur eux le cinquantième jour après la mort du Sauveur.

Dieu, voulant que l'Evangile fût annoncé aux Gentils, permit que la persécution s'allumât contre les apôtres, et les obligeât de se disperser. Saint Pierre vint à Samarie, où il imposa les mains aux fidèles de cette ville, et leur donna le Saint-Esprits. Ensuite il se rendit à Jérusalem, où il fut mis en prison par l'ordre d'Hérode Agrippa, et délivré par un ange quelque temps après. Il écrivit sa première épître en l'an 51; il se trouva au concile de Jérusalem, d'où il alla à Antioche.

Saint Pierre ne flatta point les puissances du siècle en leur cachant la vérité. Les fidèles craignant qu'on le fît mourir, le prièrent instamment de se retirer. Il fut arrêté à Rome, et se réjouit de ce qu'il allait enfin donner sa vie pour Jésus-Christ. C'était Néron qui régnait alors, prince cruel et inhumain, digne par conséquent d'être le ministre du démon pour faire mourir le premier des apôtres. Saint Paul fut pris avec lui, et l'on croit qu'ils demeurèrent neuf mois en prison. Prédicateurs de l'Evangile, dans les fers, ils convertirent les principaux de leurs gardes et plusieurs autres personnes. Saint Pierre expira sur une croix où il fut attaché la tête en bas, comme il l'avait demandé lui-même.

On ne peut s'empêcher, dit Théophile, d'admirer la constance de saint Pierre à défendre les vérités de l'Evangile.—Oui, mes enfans, répondit le maître ; mais ce n'est pas assez d'admirer les saints, il faut encore les imiter. Pour les imiter, il n'est pas nécessaire que nous recevions le martyre; il suffit que nous ne rougissions point d'être Chrétiens, que nous ne craignions aucunement les railleries des hommes, et que nous remplissions nos devoirs.

# DIXIÈME ENTRETIEN.

SAINT PAUL.

Ne séparons point, mes amis, dit le maître, saint Paul de saint Pierre, puisque ces deux apôtres ont partagé les mêmes périls pour la foi. — Cependant, monsieur, dit Alphonse, il faut que saint Paul fût plus savant que saint Pierre, car j'ai entendu mon maître de catéchisme appeler saint Paul le docteur des nations : et il ne donnait point ce nom à saint Pierre. — Votre maître de catéchisme a raison, mon ami; car saint Paul a écrit plus qu'aucun autre disciple du Seigneur pour l'édification et l'instruction des fidèles. Nous avons de lui quatorze épîtres ou lettres qui l'ont fait admirer, en son temps, des Juifs et des Païens, et qui seront toujours la force et la consolation des Chrétiens. — Sa vie doit être bien belle, dit Amédée. Il faudrait un volume entier pour en contenir tous les détails, répondit le maître; mais je vais vous en dire assez pour entretenir dans votre esprit l'idée que vous devez avoir de ce grand apôtre.

Saül, qui fut appelé depuis Paul, était Juif de la tribu de Benjamin, né à Tarse, métropole ou capitale de la Galicie, qui avait le droit de bourgeoisie romaine. Son père l'envoya jeune à Jérusalem, où il eut pour maître l'un des plus célèbres docteurs de son temps. Il fut ardent persécuteur des Chrétiens ; il était présent lorsqu'on répandit le sang du premier martyr, saint Étienne; il consentait à sa mort, et il gardait les manteaux de ceux qui le lapidaient. Le grand-prêtre, satisfait de son zèle, lui donna des lettres pour les synagogues de Damas, avec ordre de faire arrêter tous les Chrétiens et de les faire conduire à Jérusalem. Il s'avançait vers Damas, et en était déjà assez proche, lorsqu'à l'heure de midi, lui et ceux de sa suite furent frappés d'une lumière du ciel plus brillante que le soleil, qui les renversa tous par terre. Alors Saül entendit une voix qui lui dit : Saül, Saül, pourquoi me persécutez-vous ? Il répondit : Qui êtes-vous, Seigneur ? Et le Seigneur lui dit : Je suis Jésus, que vous persécutez. Alors, tout tremblant et effrayé, il dit : Seigneur, que voulez-vous que je fasse? Le Seigneur lui répondit : Levez-vous, et entrez dans la ville : on vous dira ce qu'il faut que vous fassiez.

Saül ne résista point à la vision céleste. Il se leva sur-le-champ pour aller à Damas; mais, quoiqu'il eût les yeux ouverts, il ne voyait point, parce que le grand éclat de cette lumière l'avait aveuglé. On le prit donc par la main, et on le conduisit à Damas, où il fut trois jours en prière, sans voir, sans boire et sans manger.

Il y avait à Damas un disciple de Jésus-Christ, nommé Ananie, qui fut averti par une vision d'aller trouver, dans la maison de Juda, Saül qui était venu pour persécuter les Chrétiens. Ananie s'y rendit, et imposa les mains à Saül; aussitôt il tonba comme des écailles de ses yeux, et il recouvra la vue. — Levez-vous, lui dit-il, et recevez le baptême. Saül se leva, et il fut baptisé; il se mit aussitôt à prêcher la divinité de Jésus-Christ.

Tel fut le miracle par lequel Jésus-Christ fit tout d'un coup d'un persécuteur un apôtre, et du plus cruel ennemi de son nom, le plus zélé prédicateur de son Evangile.

Les Juifs ne pouvant plus souffrir l'avantage que l'Eglise tirait de la conversion de Paul et de ses prédictions, résolurent de le tuer. Ils portèrent le gouverneur de Damas à faire garder les portes de la ville pour l'arrêter; mais leur dessein ayant été connu, les fidèles descendirent saint Paul, durant la nuit, dans une corbeille, par une fenêtre qui était sur la muraille de la ville.

Malgré les fréquens voyages qu'il entreprit pour faire connaître Jésus-Christ, il travaillait encore des mains, et souvent pendant des nuits entières, non-seulement pour donner l'exemple à tous les Chrétiens de n'être point oisifs ni à charge aux autres, mais encore pour tâcher d'avoir lui-même de quoi soulager ses frères. Son travail ordinaire était de faire des tentes.

Corinthe, Athènes, Ephèse, Troade, Milet, et quantité d'autres villes eurent le bonheur de voir Paul et de l'entendre. Dieu couronna tant de travaux par un glorieux martyre. Paul étant venu de lui-même à Rome, s'était joint à Pierre pour instruire les Juifs dans les synagogues, et les Païens dans les assemblées publiques. Néron, irrité de ses progrès, le fit arrêter, et après un an de prison, il lui fit trancher la tête.

Le maître finit en demandant à ses élèves s'ils avaient saisi l'importante leçon que nous donnait la vie de saint Paul; et comme aucun d'eux ne répondait, il ajouta : Saint Paul nous apprend, mes amis, que les personnes qui peuvent se passer de travailler, ne doivent pas s'en dispenser, et doivent s'occuper à des choses utiles pour le soulagement des pauvres.

## ONZIÈME ENTRETIEN.

SAINT VINCENT DE PAUL.

Vous connaissez sans doute, mes amis, dit le maître, ce saint né en France, dont la vie fut un miracle continuel, et dont on ne cesse de parler comme de l'apôtre de l'humanité et de la bienfaisance ? — Je parierais, s'écrie Ariste, que c'est saint Vincent de Paul. — C'est lui-même, mon ami : et comment se fait-il que vous ayez deviné si juste ? — C'est que j'ai vu son tableau à Saint-Sulpice, il n'y a pas long-temps; il est représenté au milieu de petits enfans trouvés qu'il caresse comme s'il en eût été le père. — C'est de cet homme vraiment grand que je vais vous parler.

Vincent de Paul naquit dans la paroisse du Puy, au diocèse de Dax. Son père, qui s'aperçut de ses dispositions pour les sciences et la piété, l'envoya à Dax faire ses premières études; ensuite il se rendit à Toulouse, où il étudia la théologie et fut ordonné prêtre.

Ayant été obligé d'aller à Marseille, il voulut, pour retourner à Toulouse, prendre la voie de la mer jusqu'à Narbonne. Il fut pris par des pirates, blessé, enchaîné, mené à Tunis. Ayant trouvé au bout de dix mois l'occasion de se sauver en Europe, il aborda en France; de là il se rendit à Rome; il y visita les tombeaux des saints apôtres. Il quitta l'Italie, chargé par le cardinal Donet de rendre compte de vive voix au roi Henri IV d'une affaire très-importante, qu'il n'avait pas voulu hasarder dans une lettre. Il fut très-bien accueilli du monarque.

Il fut le fondateur des Lazaristes et des Sœurs de la Charité. Les étrangers participèrent aussi aux fruits de sa charité. Un grand nombre de royalistes anglais ayant été obligés de fuir leur pays sous Cromwel, Vincent de Paul parla de la triste position de ceux qui se trouvaient à Paris, dans une assemblée de seigneurs qu'il avait formée en association de charité. On y résolut qu'il serait fait une pension à ces étrangers, et chaque mois elle était portée chez eux par le baron de Rente.

Les enfans trouvés étaient alors à Paris dans un état d'abandon qu'il est impossible de décrire. Vincent rassembla une société de dames charitables qui se chargèrent de ces infortunés. Mais bientôt la dépense de cet établissement était si énorme, qu'on fut au moment de l'abandonner. Dans cette extrémité, Vincent convoqua une assemblée générale de ces âmes pieuses;

et il mit en délibération si la compagnie devait cesser ou continuer ses premiers soins; mais il parla avec tant d'éloquence en faveur de ces petits infortunés, et les dames furent si fort touchées, que toutes unanimement conclurent qu'il fallait soutenir, à quelque prix que ce fût, cette entreprise de charité; et pour cela elles délibérèrent entre elles des moyens de le faire subsister. A la suite de cette délibération, on obtint du roi le château de Bicêtre pour loger ces enfans, et une somme considérable pour suppléer à l'insuffisance des aumônes particulières.

Ce grand homme mourut, le 27 septembre 1650, âgé de quatre-vingt-cinq ans. On l'enterra dans l'église de Saint-Lazare; il y eut un concours prodigieux à ses funérailles; le nonce du pape, plusieurs évêques, le prince de Conti y assistèrent. Il s'opéra, par l'intercession de saint Vincent, divers miracles. M. Fléchier, évêque de Nîmes, dans la lettre qu'il écrivit au pape quarante-cinq ans après, pour demander la béatification de saint Vincent de Paul, témoigne que le clergé de France lui devait une grande partie de l'éclat dont il brillait depuis ce temps.

Que remarquez-vous dans Vincent de Paul? dit le maître en finissant. — Que le zèle le plus ardent pour l'instruction, répondit Alphonse, forme son caractère. — Ajoutez encore, mes amis, son empressement à soulager les pauvres.

## DOUZIÈME ENTRETIEN.

### SAINTE ANNE.

Monsieur, dit le jeune Amédée, sainte Anne est la patronne de mamant; je voudrais bien savoir l'histoire de sa vie, je la lui raconterais; ce serait un beau bouquet pour elle. — Je suis bien fâché, mon ami, répondit le maître, de ne pouvoir m'étendre beaucoup sur sainte Anne comme vous le désireriez. Je me contenterai de vous dire que sainte Anne est le nom qu'on a donné à la mère de la sainte Vierge. L'Ecriture et l'Histoire ne nous en disent rien. Jésus-Christ, qui venait pour confondre l'orgueil humain, n'a pas seulement voulu vivre lui-même dans la pauvreté et dans l'humilité; il a voulu encore que sa famille participât à ses saintes dispositions. On représente sainte Anne faisant lire la sainte Vierge.

## TREIZIÈME ENTRETIEN.

SAINT BARTHÉLEMI.

Le patron de mon papa, dit à son tour Ariste, est saint Barthélemi. Notre cher maître, avant d'aller plus loin, ayez la complaisance de me dire son histoire? — Je ne puis, mon ami, répondit le maître, vous en dire plus que je n'en ai dit de sainte Anne.

Saint Barthélemi était Galiléen, et fut mit au nombre des apôtres destinés à annoncer l'Évangile de Jésus-Christ. Il prêcha dans les pays que les anciens appelaient les Indes, c'est-à-dire, apparemment l'Arabie heureuse; il y porta l'Evangile de saint Matthieu écrit en hébreu : c'est tout ce qu'on sait de sa vie. On ignore le temps et le genre de sa mort. Quelques-uns ont dit qu'il a souffert le martyre : il est même représenté avec un couteau à la main, qui est l'instrument de son supplice, parce qu'il a été écorché tout vif.

## QUATORZIÈME ENTRETIEN.

### SAINT LOUIS.

Les deux derniers saints, mes amis, ne vous ont pas offert un grand nombre de traits, mais en voici un qui va vous dédommager : c'est saint Louis. — Bon, dit Alphonse, nous allons apporter une double attention, d'abord, parce que c'est le patron de bien des personnes, et ensuite, parce que c'est un roi de France.

Louis IX, reprit le maître, naquit le 15 avril 1215 ; il fut baptisé à Poissy. Blanche de Castille, sa mère, princesse d'une grande vertu, lui avait inspiré dès son enfance, de grands sentimens de piété. Quoiqu'il fût déclaré majeur à l'age de vingt et un ans, il regarda toujours sa mère avec le même respect, et suivit ses conseils avec la même docilité.

Baudouin II, qui fut empereur de Constantinople, étant venu en France implorer le secours des Latins contre les Grecs, en demanda au roi, et lui offrit la sainte couronne d'épines qui était engagée aux Vénitiens. Louis, réjoui de posséder ce trésor, retira la sainte couronne d'épines des Vénitiens, et alla la recevoir à cinq lieues de Sens, suivi de toute la cour et du clergé. Ayant reçu encore depuis un morceau de la vraie croix et quelques reliques, il fit bâtir à Paris la Sainte-Chapelle pour les y déposer.

Le 16 de mai 1249, le roi s'embarqua pour la Terre-Sainte. Il prit Damiette. Il eut encore d'autres succès contre les Sarrasins; mais une maladie contagieuse ravagea l'armée. Le roi se montra le père de ses soldats par les secours qu'il leur procura lui-même.

Cependant il fut résolu qu'on retournerait à Damiette. On se mit en chemin; mais les Sarrasins surprirent les Français et les désarmèrent. Le roi fut fait prisonnier avec les princes ses frères et toute la noblesse de France qui l'avait suivi. Le soudan le traita avec tout l'honneur dû à son rang. Privé de la liberté, il se montra toujours roi et chrétien.

Comme on lui demanda dix millions et la ville de Damiette pour sa rançon, il répondit aux envoyés du sultan : Allez dire à votre maître qu'un roi de France ne se rachète point; je donnerai les dix millions pour les princes de ma maison, et la ville de Damiette pour moi. Les Sarrasins lui ayant proposé, pour assurer le traité, une formule de serment contraire au respect qui est dû à Dieu, il refusa de le faire, et comme ses parens et ses amis le pressaient d'y acquiescer, et que les Sarrasins lui mettaient le sabre sur la gorge pour le forcer, il dit : Vous pouvez tout sur mon corps, mais mon âme est entre les mains de Dieu : vous ne pouvez rien sur elle. Enfin on lui rendit la liberté, et il revint en France.

Quelque temps après son retour, le saint roi visita ses Etats, laissant partout des marques de sa bonté, de sa générosité et de sa piété.

Le mauvais succès de son premier voyage en Terre-Sainte ne lui ôta pas l'envie d'y retourner. L'on jugea à propos d'aller en Afrique et d'attaquer Tunis; mais, avant que le siége fût formé, la contagion se répandit dans le camp : le fils aîné du roi en mourut, et le roi lui-même en fut attaqué; et comme il jugea que la maladie était mortelle, il employa ses derniers momens à dresser, en forme de testament, des instructions pour son jeune fils Philippe, qui devait lui succéder.

La maladie continuant d'augmenter, le saint roi reçut les sacremens avec beaucoup de piété, et il expira le 25 avril 1270. Il fonda un grand nombre de monastères; il préférait le titre de chrétien à tous les autres, car il avait coutume de signer Louis de Poissy, parce qu'il avait reçu le baptême dans ce lieu.

Voilà, dit Théophile, des traits dignes d'admiration. Oui, mes amis, répondit le maître, et d'autant plus satisfaisans pour les Français, que les successeurs de saint Louis se sont fait une gloire d'imiter sa piété, ce qui leur a valu le titre précieux de rois très-chrétiens.

## QUINZIÈME ENTRETIEN.

### SAINT AUGUSTIN.

Les élèves prièrent leur maître de leur parler de saint Augustin, parce que, dirent-ils, on leur avait appris que c'était un grand saint et un grand docteur. Le maître, charmé de leur demande, les satisfit avec autant de bonté que d'empressement.

Mes amis, leur dit-il, il est la consolation des pécheurs par le pouvoir de la grâce qui agit efficacement sur lui. Il s'abandonna aux plaisirs jusqu'à ce que Dieu, touché par les larmes de sainte Monique, sa mère, l'arracha au monde pour le faire vivre en vrai disciple de Jésus-Christ.

Il était dans un lieu écarté, couché sous un figuier : tout à coup il entendit la voix d'un enfant qui lui dit : *Prenez et lisez*. Il ouvrit les Epîtres de saint Paul qu'il avait près de lui, et il tomba sur ces paroles : *Ne vivez pas dans les festins et les débauches ; mais revêtez-vous de notre Seigneur Jésus-Christ*. Il n'en lut pas davantage ; il marqua l'endroit, et alla trouver son ami Alipe qui vivait chrétiennement. Il lui annonça que toutes ses incertitudes étaient dissipées, et ils vinrent dire cette heureuse nouvelle à sainte Monique, qui en bénit Dieu.

Quelque temps après, il se retira avec elle à la campagne, et, pendant cette retraite, il composa divers ouvrages.

Valère, évêque d'Hippone, le demanda pour son coadjuteur, et l'obtint. Il s'appliqua à combattre les hérésies, et il prit la plume pour réfuter les erreurs que les hérétiques répandaient dans le public.

Saint Augustin était regardé comme le plus savant évêque de son siècle, et le docteur de toutes les Eglises ; la sainteté de ses mœurs le rendit aussi le modèle des saints. Il était vêtu modestement, et vivait frugalement. Sur sa table étaient écrits ces deux vers pour défendre de médire des absens :

Quiconque des absens déchire la conduite,
Doit regarder pour lui cette table interdite.

Ce saint docteur se voyant âgé de près

de soixante et douze ans, choisit le prêtre Craclius pour son successeur. Dès lors il ne s'appliqua plus qu'à composer des ouvrages pour la défense de la foi, et régler les mœurs. Enfin, pendant que les Vandales assiégeaient la ville d'Hippone, il fut attaqué d'une fièvre violente qui le conduisit au tombeau. Sa mort arriva le 28 août l'an 450.

Mais, monsieur, dit Théophile, ce saint évêque doit avoir composé un grand nombre d'ouvrages pour avoir mérité le titre de père de l'Eglise.—Oui, mes amis; quoique vous ne soyez pas en âge de les lire, je puis vous les indiquer; une grande partie a été traduite en français. Les fidèles ne peuvent trop lire son livre de confessions, monument éternel de l'humilité de ce grand docteur, qui fait l'admiration et les délices des personnes pieuses; et on a aussi ses lettres en français, ses sermons, son traité sur la grâce, ses commentaires sur les psaumes, et il y a beaucoup à profiter à leur lecture.

## SEIZIÈME ENTRETIEN.

SAINT MAURICE ET SES COMPAGNONS.

La fidélité d'un militaire à la religion qu'il professe est le plus bel exemple que vous puissiez recevoir; il vous prouve, mes amis, que le tumulte des armes n'est point incompatible avec le salut, et que le christianisme n'énerve point le courage, et étouffe tout esprit de révolte.

Entre les légions qui composaient les armées romaines du temps des empereurs Maximien et Dioclétien, il y en avait une nommée la Thébéenne, toute composée de Chrétiens, quoiqu'elle fût, comme les autres, de six mille six cents hommes. Cette légion ayant été mandée en Italie pour fortifier l'armée que Maximien devait conduire dans les Gaules contre un parti de révoltés, elle obéit avec promptitude et se joignit au reste des troupes. Maurice, à la tête de ceux qu'il commandait, passa les Alpes avec l'empereur. Ce prince voulut exiger de ses soldats un serment qui les engageait à détruire les Chrétiens qui étaient dans les Gaules. Cette proposition fit horreur à Maurice et à ceux qu'il commandait; ils refusèrent de faire le serment. Maximien irrité ordonna que la légion fût décimée, sans qu'aucun, ni des soldats, ni des officiers, qui avaient tous les armes à la main, fît la moindre résistance pour défendre ses compagnons. Ils se contentèrent de représenter à Maximien qu'ils étaient soldats, mais qu'ils étaient aussi serviteurs de Dieu; que l'injustice avec laquelle on avait traité leurs camarades ne les avait point portés à se révolter; qu'ils avaient encore les armes à la main, mais qu'ils ne résisteraient pas, parce qu'ils aimaient mieux mourir innocens que de vivre coupables. Maximien, enflammé de colère, fit marcher des troupes pour les tailler en pièces. Dès qu'ils virent leurs bourreaux arriver, ils mirent leurs armes bas, et se laissèrent égorger comme des agneaux, sans ouvrir la bouche pour se plaindre.

## DIX-SEPTIÈME ENTRETIEN.

### SAINT CHARLES BORRHOMÉE.

Saint Charles, mes amis, est le patron d'un de vous autres; je suis sûr qu'il écoutera l'histoire de sa vie avec intérêt. —Oui, monsieur, répondit l'élève désigné ; et nous, ajoutèrent ses camarades, nous prêterons la même attention, parce que les belles actions de tous les saints nous font plaisir.

Saint Charles, reprit le maître, naquit au château d'Acone, de Gilbert Borrhomée et de Marguerite de Médicis. Il fit ses études à Pavie; et son oncle, le cardinal Médicis, ayant été élevé au souverain pontificat, sous le nom de Pie IV; il fut fait archevêque de Milan et cardinal, quoiqu'il n'eût que vingt-trois ans. Il gouverna son diocèse avec la plus grande édification.

Il était pour assister à la mort d'un de ses suffragans, lorsqu'il apprit que la peste s'était déclarée près de Milan, où elle gagna bientôt. Il se hâta de retourner dans la ville, et, en arrivant, il alla visiter le lieu où le magistrat avait ordonné de conduire les pestiférés. Il les consola, pourvut à leurs secours spirituels et temporels, et déclara que, dans cette calamité terrible, il ne se séparerait pas de son peuple, et qu'il sacrifierait sa vie à lui rendre tous les soins d'un bon pasteur. Il ordonna des prières publiques pour tâcher de fléchir la divine justice, et s'offrit souvent à Dieu comme victime, spécialement dans une procession où il parut la corde au cou et les pieds nus.

Voilà un beau trait, s'écria Théophile.

Il s'est renouvelé de nos jours et sous nos yeux, reprit le maître : la peste exerça ses ravages à Marseille, et monsieur Dubelloi, qui en était évêque, imita la conduite de saint Charles. Ce respectable prélat fut fait depuis archevêque de Paris et cardinal. Il est mort dans un âge très-avancé, emportant dans sa tombe les regrets de tous les Parisiens. C'est ce qui prouve, mes amis, combien le ministère ecclésiastique est respectable, quand on le fait servir au soulagement de l'humanité.

## DIX-HUITIÈME ENTRETIEN.

### SAINT MARTIN, ÉVÊQUE DE TOURS.

La fête de saint Martin est très-célèbre dans l'Eglise, dit le maître, et on ne cesse de répéter ses vertus.—C'était un militaire comme saint Maurice, ajouta le jeune Théophile. — Oui, mon ami, et un militaire qui nous prouve que la profession des armes cesse d'être dangereuse, quand ceux qui y sont engagés se mettent au-dessus des railleries pour professer qu'ils sont chrétiens.

Il avait pour les pauvres un amour ardent, et on le vit à la porte d'Anvers

donner la moitié de son manteau parce qu'il ne lui restait plus rien. Cette action lui attira des railleries de la part des libertins, mais quand on ne veut plaire qu'à Jésus-Christ, on est peu sensible aux faux jugemens des hommes. La nuit suivante, dans son sommeil, Jésus-Christ se montra à lui revêtu de cette moitié de casaque qu'il avait donnée, et environné d'une multitude d'anges à qui il dit : « Martin, qui n'est encore que catéchumène, m'a couvert de cet habit. »

Il reçut le baptême à l'âge de dix-huit ans, et renonça au métier des armes. Il se retira près de saint Hilaire, évêque de Poitiers, et fit bâtir un monastère qui devint célèbre. Le peuple de Tours et des villes voisines le demanda pour évêque. Il joignit toutes les vertus épiscopales à celles de la profession monastique qu'il n'abandonna point. Il bâtit de l'autre côté de la Loire le célèbre monastère de Marmoutier. Après avoir passé sa vie dans la pratique des bonnes œuvres, il alla recevoir vers l'an 400 la récompense que Dieu accorde à ses fidèles serviteurs.

# DIX-NEUVIÈME ENTRETIEN.

### SAINTE ÉLISABETH.

Elisabeth est un nom qui honore le trône, mes amis, dit le maître. — Sainte Elisabeth fut donc reine, répondit Alphonse. J'ai une sœur qui l'a pour patronne, et qui n'en sait rien. — C'est dommage, reprit le maître ; les enfans ne devraient point ignorer la vie de leurs patrons ; ils sauraient alors pourquoi on les a mis sous leur protection, et cette connaissance les porterait à la pratique de la vertu.

Sainte Elisabeth était fille d'André de Hongrie, et la reine sa mère se nommait Gertrude. Elle fut fiancée, dès le berceau, avec Louis, fils d'Hermand, landgrave de Thuringe. Lorsqu'elle fut en âge, le mariage fut célébré avec les cérémonies ordinaires.

Le prince, son mari, qui voyait que Dieu lui avait accordé la sagesse, se faisait un plaisir de l'instruire des affaires de l'Etat ; et, quand il était absent, il la laissait maîtresse absolue du gouvernement ; mais elle ne se servait de son autorité que pour le bien public.

Elle avait un soin assidu des pauvres.

Pour soulager ceux qui étaient infirmes, et qui ne pouvaient venir chercher l'aumône au château, qui était sur une haute montagne, elle fit bâtir au bas un hôpital où elle allait les servir de ses propres mains, et elle prenait un soin particulier de leurs enfans; elle nourrissait neuf cents pauvres tous les jours. Cette attention pour les pauvres, et les détails dans lesquels elle entrait en leur faveur, furent un jour traités devant elle de vertu qui ne convenait pas à la dignité royale. « Ce qui vous paraît indigne de moi, répondit-elle, purifie mes fautes; gardons-nous bien de mépriser les moyens que Dieu a établis pour nous sanctifier. »

Ce fut dans l'exercice de ces saintes pratiques que Dieu la trouva, lorsqu'il l'appela à lui pour la faire régner dans le ciel. Elle mourut l'an 1251, à l'âge de 24 ans.

## VINGTIÈME ENTRETIEN.

### SAINTE CATHERINE.

Vous ne seriez point fâchés, mes amis, dit le maître, d'entendre parler de sainte Catherine?—Oh! non, monsieur, répondirent les élèves, parce que la fête de cette sainte nous donne un jour de congé. — Voilà nos petits paresseux, s'écria le maître, ils calculent jusqu'aux jours de fête pour se divertir, sans penser à ce que la religion exige d'eux, c'est-à-dire de faire attention aux exemples qu'elle leur met sous les yeux.

Je voudrais bien, continua-t-il, m'étendre sur la vie de cette sainte ; mais le malheur des temps ne nous a rien laissé d'assuré sur ce qui la regarde ; cependant son culte est très-ancien dans l'Eglise.

« On honore sainte Catherine comme vierge et martyre, dit saint Ambroise. Imitons donc sa pureté, et suivons tous les moyens qui peuvent conserver notre cœur et notre corps dans une chasteté digne du christianisme, digne des sacremens auxquels nous participons, digne de Dieu à qui nous appartenons, digne de la gloire que nous espérons. Ne nous contentons pas de louer sa constance dans les tourmens, ajouta le même saint ; imitons-la en demeurant fermes dans la piété, et inébranlables dans la vertu. »

Mais, monsieur, dit Théophile, on dit que sainte Catherine est la patronne des philosophes, et c'est peut-être pour cette raison qu'on donne congé dans toutes les écoles le jour de sa fête. — Cela pourrait être, repondit le maître, car saint Ambroise nous dit encore que cette sainte parla avec tant de force sur les vérités de la religion qu'elle professait, qu'elle confondit les philosophes païens eux-mêmes, et ce triomphe vous apprend à n'étudier que pour louer Dieu.

## VINGT-UNIÈME ENTRETIEN.

### SAINT FRANÇOIS XAVIER.

La société des libertins et des ennemis de la foi est bien dangereuse pour les enfans et les jeunes gens, dit le maître; c'est ce que prouve l'exemple de saint François Xavier.

Il naquit le 7 avril 1505, au château de Xavier, près Pampelune. Comme il montrait, étant jeune, une grande ardeur pour les sciences, il fut envoyé, à l'âge de dix-huit ans, à Paris, pour y faire ses études dans l'université. Il fit de grands progrès : il enseigna la philosophie au collége de Beauvais, mais il demeurait dans celui de Sainte-Barbe. Ce fut là qu'il connut saint Ignace, qui le retira de la société de jeunes Luthériens qui avaient été envoyés d'Allemagne pour répandre secrètement leurs erreurs parmi les étudians de l'université. Peu après, Ignace qui lui répétait sans cesse cette parole de Jésus-Christ : *Que sert à l'homme de gagner l'univers entier, s'il vient à perdre son âme?* vint à bout de le ramener entièrement à Dieu. Xavier se fit son disciple et se rendit à Rome avec lui. Il y servit les pauvres dans les hôpitaux, et enseigna le catéchisme aux enfans.

Jean III, roi de Portugal, ayant demandé au pape des ouvriers évangéliques pour aller prêcher la foi aux Indes orientales, François y fut envoyé avec le caractère de légat apostolique. Il travailla long-temps à Goa à la réformation des mœurs des Portugais et idolâtres mal instruits et mal convertis. Saint Ignace lui envoya des missionnaires de sa compagnie pour l'aider dans ses travaux. Il fit un grand nombre de miracles.

Il mourut âgé de quarante-six ans, le 2 décembre 1552, dans l'île de Sancier, à la vue de la Chine, où il se disposait à passer pour y établir le royaume de Jésus-Christ. Son corps fut mis dans une caisse assez grande, à la manière des Chinois, et cette caisse fut remplie de chaux vive, afin que les chairs étant plus tôt consommées, on pût emporter les os à Goa. Mais, lorsqu'on eut ôté la chaux de dessus le visage, on le trouva frais et vermeil comme celui d'un homme qui dort doucement. La conservation de ce saint corps a été vérifiée à diverses reprises ; la dernière a eu lieu en 1782, et toute la ville de Goa a été témoin de ce miracle toujours subsistant. Saint François Xavier fut canonisé en 1747 par Benoît XIV, ce pape si célèbre par ses grandes lumières, qui nous a laissé un savant ouvrage sur la canonisation des saints.

Saint François Xavier a été bien heureux, dit ici Théophile, d'avoir été lié avec saint Ignace; sans lui il était perdu, et quelle perte pour l'Eglise ! — Oui, mes enfans, répondit le maître, et c'est ce qui doit vous convaincre qu'il n'y a pas de trésor plus précieux qu'un ami chrétien.

## VINGT-DEUXIÈME ENTRETIEN.

### SAINT NICOLAS.

Connaissez-vous bien, mes amis, dit le maître, votre patron par excellence? Chacun nommait le saint sous la protection duquel il avait été mis dans son baptême.—Ce n'est aucun de ceux-ci, reprit le maître; et comme les élèves gardaient le silence, il ajouta : c'est saint Nicolas.—Oui,

oui! s'écrièrent nos jeunes espiègles; le jour de sa fête nous donne un grand congé, et de plus nous sommes bien régalés. —Je vous reconnais là, mes petits messieurs, dit le maître d'un ton sérieux; c'est la gourmandise et le jeu, et non la reconnaissance qui vous font penser à saint Nicolas. —Comment la reconnaissance! notre cher maître, dit Théophile, le plus sage des élèves. Voudriez-vous bien nous expliquer en quoi nous devons une reconnaissance particulière à saint Nicolas? —Parce que, répondit le maître, il se montra le protecteur des enfans par un grand miracle.

Il se promenait sur le bord de la mer; il vit trois petits enfans qui, étant à jouer dans un baquet, furent emportés par les flots, et ils auraient péri si le saint n'eût fait le signe de la croix sur les eaux, et n'eût ramené le baquet sur le sable; et c'est pour cela que les enfans ont suspension d'étude le jour de sa fête, pour s'occuper de la reconnaissance qu'ils lui doivent.

Ce que je vous dis là n'est qu'une présomption de quelques auteurs; car la vie de saint Nicolas est ensevelie dans l'obscurité des temps. On sait seulement qu'il fut évêque de Smyrne, et les mariniers lui rendent de grands honneurs, parce qu'il voyagea beaucoup sur mer, pour aller prêcher la foi, et qu'il apaisait les tempêtes.

# NOMS DES SAINTS
## DU CALENDRIER.

### JANVIER.

1. Circoncision.
2. St. Basile.
3. Ste. Geneviève.
4. St. Rigobert.
5. St. Siméon.
6. Epiphanie.
7. St. Théau.
8. St. Lucien.
9. St. Pierre, év. de Séleste.
10. St. Paul ermite.
11. St. Hortense.
12. St. Arcade.
13. St. Hilaire
14. St. Félix.
15. St. Maur, abbé.
16. St. Guillaume.
17. St. Antoine.
18. Chaire de St. Pierre à Rome.
19. St. Sulpice.
20. St. Sébastien.
21. Ste. Agnès.
22. St. Vincent.
23. St. Jean l'aumônier.
24. St. Babylas.
25. Conv. de St. Paul.
26. Ste. Paule, veuve.
27. St. Julien.
28. St. Charlemagne.
29. St. François de Sales.
30. Ste. Bathilde.
31. St. Pierre Nolasque.

### FEVRIER.

1. St. Ignace.
2. la Purification.
3. St. Blaise.
4. St. Philéas.
5. Ste. Agathe.
6. St. Vast.
7. St. Romuald.
8. St. Et. de Grammont.
9. Ste. Apoline.
10. Ste. Scolastique.
11. St. Severin.
12. St. Nicéphore.
13. Ste. Eulalie.
14. St. Abraham.
15. St. Flavien.
16. Ste. Julienne.
17. St. Auzence.
18. St. Sylvain.
19. St. Léon.
20. St. Moïse.
21. St. Flavien.
22. Chaire de St. Pierre à Antioche.
23. St. Serène.
24. St. Mathieu.
25. St. Damien.
26. St. Phocas.
27. St. Porphire.
28. Ste. Honorine.

| MARS. | AVRIL. |
|---|---|
| 1. St. Bazile. | 1. St. Hugues. |
| 2. St. Onésime. | 2. St. Franç.-de-Paule. |
| 3. St. Marin. | 3. St. Apphdem. |
| 4. St. Casimir. | 4. St. Macaire. |
| 5. St. Gérasime. | 5. St. Séverin. |
| 6. St. Drausin. | 6. St. Prudence. |
| 7. St Godegrand. | 7. St. Marcellin. |
| 8. St. Jean de Dieu. | 8. St. Euphraate. |
| 9. Ste. Françoise. | 9. St. Zozime. |
| 10. St. Just. | 10. St. Gaucher. |
| 11. St. Polycarpe. | 11. St. Jean Calyorte. |
| 12. St. Euloge. | 12. St. Sabas. |
| 13. St. Maximilien. | 13. St. Herminigilde. |
| 14. St. Lubin. | 14. St. Tiburce. |
| 15. St. Longin. | 15. St. Fructueux. |
| 16. St. Abraham. | 16. St. Amiel. |
| 17. Ste. Gertrude. | 17. St. Clipiège. |
| 18. St. Alexandre. | 18. St. Parfait. |
| 19. St. Joseph. | 19. St. Léon IX, pape. |
| 20. St. Lomer. | 20. St. Ambroise. |
| 21. St. Benoît. | 21. St. Anselme. |
| 22. St. Bazile. | 22. Ste. Opportune. |
| 23. St. Libérat, médecin. | 23. St. Georges. |
| 24. Ste. Catherine de S. | 24. St. Marcellin. |
| 25. L'Annonciation. | 25. St. Marc. |
| 26. St. Irénée. | 26. St. Clet. |
| 27. St. Jean, solitaire. | 27. St. Polycarpe. |
| 28. St. Satur. | 28. St. Vital. |
| 29. St. Jean Cimaque. | 29. St. Robert. |
| 30. St. Benjamin. | 30. Ste. Eutrope. |
| 31. St. Acace. | |

## MAI.

1. St. Jac. et St. Phil.
2. St. Athanase.
3. Inv. de la Ste. Croix.
4. Ste. Monique.
5. St. Hilaire.
6. St. Jean de Damas.
7. St. Célerin.
8. St. Désiré.
9. St. Grégoire de Nazianze.
10. St. Antonin.
11. St. Théodore.
12. St. Epiphane.
13. St. Servais.
14. St. Pacome.
15. St. Isidore.
16. St. Honoré.
17. St. Paschal.
18. St. Félix.
19. St. Yve.
20. St. Grégoire.
21. St. Hospice.
22. Ste. Julie.
23. St. Guibert.
24. Sts. Donatien et Régalien.
25. Ste. Franche.
26. St. Augustin, apôtre d'Angleterre.
27. St. Jules.
28. St. Germain, évêque de Paris.
29. St. Maximin.
30. St. Hubert.
31. Ste Pétronille.

## JUIN.

1. St. Prise.
2. St. Pothin.
3. Ste. Clotilde.
4. St. Quirin.
5. St. Boniface.
6. St. Norbert.
7. St. Claude.
8. St. Médard.
9. St. Julien.
10. Ste. Marguerite.
11. St. Barnabé.
12. St. Onuphre.
13. S. Antoine de Padoue.
14. St. Bazile.
15. St. Cyr.
16. St. Jean Fr. Régis.
17. St. Avit.
18. Ste. Marine.
19. St. Gervais.
20. St. Silvère.
21. S. Louis de Gonzague.
22. St. Paulin.
23. St. Eusèbe.
24. St. Jean-Baptiste.
25. St. Prosper.
26. St. Maixent.
27. St. Alban.
28. St. Irénée.
29. St. Pierre.
30. St. Paul.

| JUILLET. | AOUT. |
|---|---|
| 1. St. Martial. | 1. St. Pierre ès-liens. |
| 2. La Vis. de la Vierge. | 2. St. Etienne, pape. |
| 3. St. Anatole. | 3. Ste. Cyre. |
| 4. St Félix. | 4. St. Dominique. |
| 5. Ste. Zoé. | 5. St. Yon. |
| 6. Ste. Godeliève. | 6. Transfig. de N. S. |
| 7. St. Procope. | 7. St. Gaétan. |
| 8. Ste. Elisabeth. | 8. St. Justin. |
| 9. Ste. Victoire. | 9. St. Romain. |
| 10. Ste. Félicité. | 10. St. Laurent. |
| 11. St. Jean, év. et martyr. | 11. Sus. de la Ste. cour. |
| 12. St. Hydulphe. | 12. Ste. Claire. |
| 13. St. Eugène. | 13. St. Hippolyte. |
| 14. St. Bonaventure. | 14. St. Alexandre. |
| 15. St. Henri. | 15. l'Assomp. de la Ste. Vierge. |
| 16. N.-D. du Carmel. | 16. St. Roch. |
| 17. St. Spéral. | 17. St. Mammès. |
| 18. St. Symphorose. | 18. Ste. Hélène. |
| 19. S. Vincent de Paul. | 19 St. Louis, évêque. |
| 20. Ste. Marguerite. | 20. S. Bernard. |
| 21. St. Victor. | 21. SS. Bonok et Max. |
| 22. Ste. Madeleine. | 22. St. Symphorien. |
| 23. St. Appolinaire. | 23. St. Timothée. |
| 24. St. Germ. év. d'Aux. | 24. St. Genis. |
| 25. St. Jacq. St. Christ. | 25. St. Louis. |
| 26. Ste. Anne. | 26. St. Zéphirin. |
| 27. Ste. Natalie. | 27. St. Césaire. |
| 28. St. Innocent. | 28. St. Augustin. |
| 29. Ste. Marthe. | 29. Décolat. de St. Jean. |
| 30. Ste. Julie. | 30. St. Merry. |
| 31. St. Ignace de Loyola. | 31. St. Fiacre. |

| SEPTEMBRE. | OCTOBRE. |
|---|---|
| 1. St. Leu, St. Gilles. | 1. St. Remi. |
| 2. St. Lazare. | 2. SS. Anges. |
| 3. St. Grégoire. | 3. St. Gérard. |
| 4. Ste. Ide, veuve. | 4. S. François d'Assise. |
| 5. St. Bertin, abbé. | 5. Ste. Aure. |
| 6. St. Dorothée, solit. | 6. St. Bruno. |
| 7. St. Cloud. | 7. St. Serge. |
| 8. La Nativité de la Ste. Vierge. | 8. St. Démètre. |
| 9. St. Omer. | 9. St Denis et ses compagnons. |
| 10. St. Patient. | 10. S. François de Berge. |
| 11. St. Paphnuce. | 11. Ste. Pélagie. |
| 12. St. Guidon. | 12. Les Martyrs d'Afriq. |
| 13. St. Maurille. | 13. St. Gérand. |
| 14. Exal. de la Ste. Croix. | 14. St. Caliste. |
| 15. St. Cyprien. | 15. Ste. Thérèse. |
| 16. St. Nicomède. | 16. St. Gal. |
| 17. St. Lambert. | 17. St. Cerbonnet. |
| 18. St. Thomas de Ville-Neuve. | 18. St. Luc, évangéliste. |
| 19. St. Janvier. | 19. Ste. Sevince. |
| 20. Ste. Maure, vierge. | 20. St. Sandon. |
| 21. St. Mathieu. | 21. Ste. Ursule. |
| 22. St. Maurice. | 22. St. Mellon. |
| 23. Ste. Thècle. | 23. St. Hilarion. |
| 24. St. Andoche. | 24. St. Magloire. |
| 25. St. Firmin. | 25. St. Crépin et St. Crépinien. |
| 26. Ste. Justine. | 26. St. Lucien, St. Marain. |
| 27. St. Come, St. Damien. | 27. St. Frumance. |
| 28. St. Céran. | 28. St. Simon, St. Jude. |
| 29. St. Michel. | 29. St. Faron, évêque. |
| 30. St. Jérôme. | 30. St Lucain. |
| | 31. St. Quentin. |

## NOVEMBRE.

1. La fête de tous les Saints.
2. La Mém. des Morts.
3. St. Marcel.
4. St. Charles Bor.
5. Ste. Berthile.
6. St. Léonard.
7. Ste. Marie, servante.
8. St. Clair, prêtre.
9. St. Mathurin.
10. St. Léon, pape.
11. St. Martin, év. de Tours.
12. St. Martin, pape et martyr.
13. St. Homodon.
14. St. Maclou.
15. St. Eugène.
16. St. Edme.
17. St. Agnan.
18. St. Mandé.
19. Ste. Elisabeth.
20. St. Edmond.
21. La Présentation de la Ste. Vierge.
22. Ste. Cécile.
23. St. Clément.
24. St. Severin.
25. Ste. Catherine.
26. St. Bazile.
27. St. Vital.
28. St. Sosthène.
29. St. Saturnin.
30. St. André.

## DÉCEMBRE.

1. St. Eloi, évêque.
2. St. François Xavier.
3. St. Réparat.
4. Ste. Barbe.
5. St. Sabas.
6. St. Nicolas.
7. Ste. Fare.
8. La Conception.
9. Ste. Gorgonie.
10. Ste. Valère.
11. St. Furcien.
12. St. Damase.
13. Ste. Luce.
14. St. Nicaise.
15. St. Gatien.
16. Ste. Adélaïde.
17. Ste. Meuris.
18. St. Olympiade.
19. St. Paulile.
20. St. Thimothée.
21. St. Thomas.
22. St. Ischyrion.
23. Ste. Victoire.
24. Ste. Emilienne.
25. La Naissance de N. S. J. C.
26. St. Etienne.
27. St. Jean, évangéliste.
28. SS. Innocens.
29. St. Thomas de C.
30. St. Roger.
31. St. Sylvestre.

www.ingramcontent.com/pod-product-compliance
Lightning Source LLC
Chambersburg PA
CBHW070251100426
42743CB00011B/2220